현대신서
30

니체 읽기

리샤르 비어즈워스

김웅권 옮김

東文選

니체 읽기

Richard Beardsworth

NIETZSCHE

© 1997, Societe d'edition Les Belles Lettres

This edition was published by arrangement
with Societe d'edition Les Belles Lettres, Paris
through Sibylle Books, Seoul

차례

주요 연보 7

서 문 9

I 형이상학과 계보학 21
1. 형이상학 23
1. 형이상학은 삶에 가해진 폭력이다 23
2. 형이상학과 창설적 개념들 27
3. 어떻게 형이상학적 사유는 정착되는가 30

2. 형이상학의 계보 39
1. 그리스 비극으로부터 계보적 방법으로 41
2. 계보의 두 사면 43
3. 계보학과 에너지론 52
4. 니체의 문제 54

II 에너지론과 계보학 57
1. 개념적 가치로부터 힘들의 게임과 배치로 60
1. 대립선과 힘 61
2. 형이상학인가 에너지론인가 64

2. 니체의 애매성 : 유형, 힘들의 게임, 정신 72
1. 최상의 개인과 정신 79

III 시간과 에너지: 재평가 93
1. 동일한 것의 영원한 회귀 98
2. 초 인 111

3. 권력에의 의지 ———————————————— 118

IV 정신의 열매 ———————————————— 127
1. 유기체와 환경의 관계로서의 정신 ———————— 130
2. 기억과 지상권 ———————————————— 132
3. 약속과 소화 ————————————————— 138

결론 ———————————————————————— 147

각 주 ————————————————————————— 149
참고 문헌 ——————————————————————— 155
역자의 말 ——————————————————————— 157

주요 연보

1844년 : 프로이센의 작센 지방 뢰켄에서 프리드리히 빌헬름 니체 탄생.
1869년 : 스위스 바젤대학교 고전문헌학 교수로 임명.
1872년 : 《음악의 정신에서 비극의 탄생》 출간.
1878-79년 : 《인간적인, 너무나 인간적인——자유로운 정신들을 위한 책》 출간.
1883-84년 : 《차라투스트라는 이렇게 말했다——모두를 위하면서 아무도 위하지 않는 책》 출간.
1888년 : 《도덕의 계보학》 출간.
1889년 : 1월 13일, 이탈리아 토리노의 카를로 알베르토 광장에서 쓰러짐. 바젤의 정신병원으로 옮겨진 이후, 나머지 여생을 어머니와 누이의 집에서 보냄.
1900년 : 바이마르에서 8월 25일 타계.
1901년 : 조작된 저서 《권력에의 의지》 출간.

서문

새로운 투쟁――붓다가 죽고 난 이후에도, 사람들은 수 세기 동안 동굴 속에서 그의 망령, 거대하고 무서운 그의 망령을 보여 주었다. 신은 죽었다. 그러나 인간이 그렇게 만들어져 있는 바, 아마 사람들이 신의 망령을 보여 주는 동굴들은 앞으로도 수천 년 동안 존재하게 될 것이다. 그래서 우리는 다시 그의 망령을 쳐부수어야 하는 것이다![1]

이 글은 근대에 일어난 초유의 사건으로서 신의 죽음을 알리는, 니체의 글들 가운데 가장 많이 알려진 것도 가장 많이 인용된 것도 아니다. 그러나 아마 그것은 우리 시대와 관련하여, 그리고 이 시대를 특징짓는 종교적인 것의 회귀와 관련하여 가장 미묘하고 가장 표현이 풍부한 글일 것이다. 우리에게 니체의 철학――단순히 이 철학의 내용(주제적인 야심)뿐만 아니라 그것의 논리와 방향, 그리고 지평까지――을 이해한다는 것은, 독서를 한다는 것(교육적이든 또는 다른 성격이든 학교와 관련된 일반적인 관심상)만이 아니다. 그보다 오히려 그것은 우리 자신, 우리의 문화, 그리고 우리의 미래에 대해 숙고하는 작업을 의미한다. 신은 죽었지만 여전히 망령처럼 살아 있고, 따라서 앞으로의 싸움(미래 자체)은 이 망령을 장사지내는 일이라는 니체의 예감은 직접적으로 우리를 향하고 있다.

왜냐하면 사회적·정치적 성격의 이데올로기 싸움이 한 세기 반 동안이나 지속된 후, 오늘날 우리를 특징짓는 것은 아마 '신이' 이러한 싸움 뒤로부터 다시 나타나, 세계적인 차원에서 무대의 전면을 차지하고 있는 모습을 보며 우리가 느끼는 놀라움이고 두려움일 것이기 때문이다. 니체가 그의 시대에 탓한 것은 이 신과 동일한 신이 아니다. (그의 신은 특히 훨씬 덜 '기술화'되어 있었다.) 그러나 이 신은 동일한 욕구불만을 채워 주고 있다. (그럼에도 불구하고, 앞으로 보게 되겠지만 이 욕구불만은 모든 것을 우리가 기술과 맺고 있는 관계를 가지고 해야 한다.) 바로 이런 의미에서 니체는 신의 망령에 대해 말하면서 우리의 어린 시절, 다시 말해 우리의 과거에 대해 말하고 있다. (왜, 우리는 신의 죽음에 그토록 거역하는가? 그리고 이와 관련하여 그토록 오래 된 정체성과 의미에 대한 욕망은 무엇인가?) 그러나 또한 그는 반대되는 의미에서, 우리의 미래(미래의 세대들, 우리의 아이들과 이 아이들의 아이들)에 대해 말하고 있다. 이것이 바로 니체가 선언한 말 ——신은 죽었지만, 신의 망령은 아마 앞으로도 수천 년 동안 신의 의미와 목적 때문에 우리의 머리를 떠나지 않을 것이다——을 이해하기 위해, 그의 철학 전체에 대한 설명이 요구되는 이유이다. 이러한 설명을 해나가는 동안 우리는 왜, 그리고 어떻게 이 철학이 기쁨과 고통 속에서 우리의 슬픔과 미래에 대해 이야기하고 있는지 이해하게 될 것이다. 앞으로 보게 될 터이지만 이러한 이해는 시간의 문제와 관세가 있으며, 우리가 우리의 '시산성'을 소화해 내는 방법과도 관계가 있다.

독서 준칙

몇몇 전기적인 자세한 사항들로 넘어가기 전에, 본서의 논거를 도입하기 위해 우리가 니체의 작품을 읽는 방식에 대한 몇몇 지표들을 제시하자. 그의 철학을 제시하는 순서, 즉 본서의 전체 장(章)들의 연결 및 추론의 흐름은 다음과 같은 네 가지 과제를 안고 있다.

1) 니체의 사상이 지닌 논리를 하나의 관점에서 따라간다. 이 관점은 "신은 죽었다"는 그의 선언, 이 죽음이 철학적 작업으로서 의미하고 요구하는 것, 그리고 신이 없는 삶을 긍정하는 문화를 '생각하기' 위해 이 죽음이 요청하는 것, 이런 것들로 이루어진 관점이다.

2) 그렇지만 이러한 죽음에 대한 니체의 대답과 관련하여, 우리가 '애매성' 또는 '양면성'이라 부르는 것의 표식을 그러한 논리 내부에서 제거한다. 니체의 철학을 이와 같이 제시하는 가운데 우리가 중요하다고 생각하는 것은, 신의 죽음에 대한 그의 진단이 어떻게 둘로 분열되고 있는지를 보여주는 것이다. 하나는 진단 자체로부터 내재적으로 비롯되는 예측으로서, 그 표현은 오늘날 우리에게 더할 나위 없이 흥미를 불러일으킨다. 다른 하나는 장차 일어나게 될 일, 즉 이 진단에 제시될 수 있는 가장 나쁜 해결책의 하나로 통할 수 있는 일을 담고 있는 처방이다. 이 처방은 다름아닌 의지――이 의지로부터 나온 행동이 최초 파시스트적인 행동이다――의 철학이다.

3) '애매성'을 체계화한다. (이 일은 매우 어렵지만 모든 자유로운 정신에겐 전혀 우회할 수 없는 일이다.) 이것이 목표로 하는 것은 니체의 텍스트에 드러나는 그 두 양면성의 불가분성을 보여 주는 것이고, 이 불가분성의 존재 이유를 밝히는 것이다. 그것은 또한 니체 사상의 가장 흥미로운 면을 따라가면서, 이와 같은 애매성이 어떻게 해결되어 이 사상의 처방적 측면에 답을 주고 있는가를 지적하는 것이다.

4) 따라서 텍스트 속에 나타나는 대립들뿐만 아니라 모순적인 운동들에 충실하면서, 그리고 이와 같은 모순들을 통해서 우리의 책읽기를 니체의 철학이 지닌 가장 흥미있는 역학적 구조로 이끌어 가면서 이 철학을 제시한다. 우리가 알게 되는 것은, 이러한 역학적 구조가 신의 초상(初喪)을 시간에 대한 사상 속에 자리잡게 한다는 것이다. 이 사상은 진단과 예측의 차원에서 정서(감정이나 감동 등, 감정적인 모든 상태를 지칭한다)와 기술(技術)의 사상, 다시 말해 힘의 사상임이 확실하게 드러난다.

철학자 니체는 모든 행위가 그 성격상 어떤 식으로 행위의 장본인이나 '주체'의 의도를 넘어서는지 보여 주면서, 작품과 저자를 항상 집요하게 분리시킨다. 우리의 독서 준칙은 이 점을 명심할 것이다. 그러나 우리는 사상의 복잡성을 명백하게 설정하면서 텍스트의 움직임에 충실할 것이다. 물론 이 복잡성에 가장 민감한 이는 니체이지만, 그는 그것의 논리를 개발해 낼 수 없었다. 복잡성은 그의 사상 자체이기 때문이다. 그런데 또한 니체 철학의 전진과, 그가 영위한 삶의 전진――그는 어떤 다른 철학자들보다도 자신의 삶에 하나의 시선을 요구한다――사이에는 우연한 일치가 있다.

프리드리히 니체 : 그의 삶과 작품

프리드리히 빌헬름 니체는, 1844년 프로이센의 작센 지방에 있는 뤼첸 부근 뢰켄에서 태어났다. 1세대와 2세대의 선조들은 루터의 경건주의를 신봉하였다. 그의 아버지(1813-49)와 할아버지(1756-1826)는 목사였고, 그의 어머니 프란치스카 욀러(1826-97) 또한 목회자 가정 태생이었다. 니체는 5세 되던 해에 그 아버지를 잃고, 어린 시절을 여자들(그의 어머니, 모계쪽 가족, 그리고 누이)에 둘러싸여 보낸다. 14세까지 그렇게 보낸 후, 그는 장학금을 받아 슐포르타 중등학교에 들어간다. 이 학교는 고전주의 작가들의 연구와 종교 교육에 토대를 둔 수준 높은 교육기관이다. 그는 1864년까지 6년 동안 이곳에서 머물게 된다.

1864년에 그는 본대학에서 신학과 고전문헌학 공부를 시작하지만, 곧바로 신학을 포기하고 오로지 고전문헌학에 전념하며, 특히 고전학자 프리드리히 빌헬름 리츨(1806-76)의 강의를 듣는다. 초창기 그의 선조들처럼 경건했던 니체는, 대학에서의 방향 수정을 어린 시절의 상실처럼 받아들이게 된다. 바로 이 시절에 그는 리하르트 바그너(1813-83)의 음악에 심취한다. 그리하여 바그너의 희가극《뉘른베르크의 명가수》(1868)를 관람하기에 이른다. 또한 아르투어 쇼펜하우어(1788-1860)의 철학에 대해서는, 부정과 체념의 낭만주의적 대작인《의지와 표상으로서의 세계》(1865년판)를 발견한다. 부분적으로는 바로 쇼펜하우어의 이 작품 덕분에, 그는 자신의 수련과 기질(이 기질은 후에 그의 전작품을 특징짓는다)을 그리스 문화에 대해 오래 전부터 기울여 온 깊은 관심과 결합시키면서 점점 더 철학에 흥미를 갖게 된다. 메가라의 테오그니스와 호메로스 같은 그리스 시인들, 다음으로 데모크리토스와 디오게네스 라에르티오스 같은 철학자들에 대한 텍스트들이 그러한 관심의 결실로 나오게 된다.

문헌학적·문화적·철학적인 성격을 동시에 띤 이와 같은 성찰 작업은, 니체의 첫번째 저서 《음악 정신에서 비극의 탄생》으로 귀결된다. 1872년에 나온 이 텍스트에는, 쇼펜하우어의 철학과 바그너의 음악이 이 성찰에서 차지한 중요성이 강하게 드러난다. 《비극의 탄생》이 문헌학계에 논란을 불러일으키면서 그에게 명성을 가져다 주기도 전에, 그는 그 나이 24세 되던 1869년 바젤대학교와 스위스 주립고등학교에 고전문헌학 교수로 임명된다. 젊은 니체와 그보다 훨씬 연장자인 리하르트 바그너 사이에 매우 두터운 우정이 맺어지게 된 때는 1869년과 1874년 사이이다. 이 우정은 많은 면에서 불평등한 우정으로, 그 심적 구조는 적어도 니체에 관련하여 볼 때, 그가 조기에 아버지를 잃고 청년기에 신앙을 상실한 상황 속에 설정되어야 한다. 이 기간 동안 니체는 《비극의 탄생》과는 별도로 신학자 다비트 프리드리히 슈트라우스(1808-74)와 쇼펜하우어, 그리고 바그너에 관한 3편의 논쟁적인 논문을 집필한다. 게다가 그는 역사·철학, 그리고 삶 사이의 관계에 대한 보다 폭넓은 주제를 다루는 시론을 집필한다. 이 시론의 전체적 제목은 《시대와 맞지 않는 생각》(1873-76)이다. 이 텍스트들은 한결같이 니체의 깊은 사유가 지닌 문화적 목표를 증언하고 있다.

그런데 이 책을 집필하는 동안 니체의 인생에서 최초의

위기로 귀결되는 사건들이 통째로 일어난다. 여기서 '위기'라는 말은, '결정(krinein)'이라는 그리스어의 의미와 의학상으로 나쁘게 또는 좋게 변한다는 의미(우리는 후에 니체 작품에서 동일한 현상이 관계될 때 '에너지의 이동'에 대해 말할 것이다)로 받아들여야 한다. 그 얼마 전부터 니체가 바그너와 바그너의 아내 코시마와 맺었던 우정은 변질된다. 이 변질은 니체가 청년 시절부터 앓아 온 두통과 눈의 통증을 악화시킨다. 1873년부터 그의 통증이 많은 구토의 발작을 동반함으로써 책읽기와 글쓰기를 중단하라는 권고를 받는다. 그러나 그의 질병('질병'이라는 말은, 우리가 그것의 조건이 신체적인 만큼 심적인 성격이라는 점을 고려하면 별로 적절치 않다)이, 그로 하여금 바젤대학교와 고등학교에서의 교육을 포기하지 않을 수 없게 만든 때는 1876년이다.

이 해부터 니체는 다시는 활동적이고 제도적인 삶을 살아가지 못한다. 그는 독일·스위스·이탈리아 그리고 니스 사이를 왔다갔다 하면서 지속적으로 '병든' 시간을 보내고, 아픔과 고통이 그에게 허락하는 휴식의 순간들은 책을 읽고 글을 쓴다. 이 시기의 초기에 쇼펜하우어의 영향과 바그너로부터 벗어나면서, 그는 단편적인 형태(아니면 그의 말을 빌리자면 '금언'의 형태로)로 자신의 성찰을 종이에 옮긴다. 이것들이 1878년과 1882년 사이에, 그의 대작인 '자유로운 정신들을 위한 3부작'으로 귀결된다. 이 3부작은 《인간적인, 너무나 인간적인 —— 자유로운 정신들을 위한 책》(제Ⅰ부는 1878년에, 제Ⅱ부 '여행자와 그의 그림자'는 1879년에 나옴), 《여명 —— 도덕적 편견에 대한 성찰》(1881), 그리고 《즐거운 지식》(1882)이다.

엄청난 철학적 중요성을 지닌 이 책들에서, 니체는 후에 사람들이 '형이상학의 파괴'라고 규정하게 되는 사상의 모험을 시작한다. 우리는 본서의 제Ⅰ장 및 제Ⅱ장에서 이 모험을 존중하여 다루게 될 것이다. 물론 니체의 저술 가운데 가장 많이 알려진 작품, 《차라투스트라는 이렇게 말했다── 모두를 위하면서 아무도 위하지 않는 책》(1883-84)은 이와 같은 파괴에 답하는 것이다. (이 책은 1881년 후반부에서 시작되었다.) 이 저서는 '동일한 것의 영원한 회귀'·'운명적 사랑'·'초인' 그리고 '권력에의 의지'라는 주제들을 다루고 있는데, 형이상학적 사상에 대한 일련의 재평가를 잠언으로 전달하고 있다. 이 재평가는 3부작에서 구상되어 나타난 근대 문화에 대한 진단을, 이 진단으로부터 벗어나는 방법에 대한 권고로 변모시키고 있다.

이 텍스트의 1권을 집필하던 바로 그 당시에(우리는 이것이 우연이 아니라고 생각한다), 그는 러시아 여인인 루 안드레아스 살로메(1861-1937)에게 청혼한다. 이 여인은 후에 독일의 시인 라이너 마리아 릴케의 연인이자 정신분석학의 창시자인 지크문트 프로이트의 친구가 된다.[2] 이 청혼은 거부되는데, 이 거부가 니체의 철학적 삶이 나아가는 점점 더 '고독하고 비현실적인' 방향을 확고하게 만든다. 그렇다고 이런 측면이 설명되어 나타나는 것은 아니다. 어떤 의미에서, 매우 풍요롭고 복잡한 《차라투스트라는 이렇게 말했다》는 니체의 인생에서 두번째 '위기'를 나타낸다. 이 위기 이후 그는 이 작품이 열어 놓은 지평을 《선악의 피안》(1885-86), 《도덕의 계보학》(1888), 《바그너의 타락》(1888), 《우상의 황혼, 또는 어떻게 망치로 철학할 것인가》(1888), 그리고

《반그리스도》(1888, 출간은 1895년) 속에서 지속적으로 연구한다. 우리가 가장 초점을 맞추는 텍스트는 《도덕의 계보학》이 될 것이다. 우리는 이 작품을 한편으로는 3부작과 관련시켜, 다른 한편으로는 《차라투스트라는 이렇게 말했다》와 관련시켜 읽게 될 것이다.

1888년, 니체는 광기의 위험을 드러내는 징후를 점점 더 많이 보인다. 그는 그 자신이 항상 성향적으로 갈 수 있다고 느꼈던 길, 하지만 지속되는 질환과 작품들——사실 이것들은 동시에 광기의 전조였다——을 통해 방어했던 그 길 위에 있게 된 것이다. 1889년 1월 13일, 니체는 마침내 토리노의 카를로 알베르토 광장에서 쓰러진다. 한 마차의 마부가 정신없이 채찍질해대는 노쇠한 말의 목에 몸을 던졌던 것이다. 그는 바젤에 있는 정신병원에 옮겨졌고, 진단 결과는 치유될 희망이 없는 '점진적인 마비'라고 명시된다. 그것은 니체 자신의 조건보다는 다분히 당시의 신경계통에 대한 의학적 무지상태를 증언하고 있다. 그 이후로 사람들은 매독에 의한 원인에 대하여 이야기했다. (그가 대학에 있는 동안 이 병에 걸렸을 것이라는 소문이 돌았다.) 아마 그 광기는 또한 그가 5세 되던 해에 타계한 아버지가 앓았던 질병과 죽음 뒤에 숨겨진 무엇, 다시 말해 그가 심적인 차원에서 물려받은 무엇인가와 깊이 관련되어 있을 것이라고 이야기되었다.

어쨌든 니체의 '애매성'에 대한 우리의 분석은, 여러 가지 해석 중에서도 니체의 전체적 심리현상과 관련된 그 광기에 대한 시각을 제시할 것이다. 1890년부터 1897년까지 그는 그 어머니와 나움부르크에서 산다. (그녀는 1897년에 타계한다.) 그 이후로 그는 그 누이 엘리자베트와 함께 바이마르에 정착한다. 이 누이는 파라과이에서 아리안족의-식민지를 건설하고자 했던 남편(반유대주의자였던 베른하르트 푀르스터)이 죽자 귀국해 있던 참이었다. 대단한 기회주의자였던 그녀는 1896년 니체가 남긴 작품들의 소유자가 되자, 바이마르에 고문서관을 건립하고 작품들과 유고를 여러 권으로 출간할 준비를 한다. 바로 그녀가 니체의 옛 동료 페터 개스트와 조작된 책인 《권력에의 의지——모든 가치의 전환 시도》의 텍스트들을 선별 정리하여 1901년, 1903년, 그리고 1906년에 출간한다. 그녀는 사후에 남겨진 단편적인 글들을 선별해서 출간한 것을 니체의 작품 자체로 제시한다. 그런데 이 선별은 단지 니체가 1885년에 발전시킨 구상에 근거하고 있다. 그는 이 구상을 구체화시키는 단편적인 글들을 1888년까지 집필했지만, 포기하고 다른 계획 작품을 쓰게 되며, 그 결과물로 나온 첫번째 책이 《반그리스도》(우리는 이 주제를 제Ⅲ장에서 다룰 것이다)이다.

니체는 1900년 8월 25일 타계했다. 그의 이른바 자전적인 텍스트인 《이 사람을 보라》는 1908년에 출간된다.

*

우리의 '독서 준칙' 조건에 따라 니체의 철학을 제시하기 위해, 우리는 본서를 4개의 장으로 나누었다. 니체는 신의 죽음을 플라톤 철학의 설립에서부터 시작된 서구 문화의 전반적 쇠퇴로 표현하였다. 제Ⅰ장의 1절에서, 우리는 니체가 '형이상학'이란 말을 통해서 무엇을 의미하고자 하는가를 보여주게 될 것이다. 그렇게 하여 이 사상이 왜 인간적인 것의 이름으로 시간을 부인하고, 생명력의 과정들이 지닌 복잡성을 축소하는 것이 되는지를 분석하게 될 터이다. 다음으로 제I장의 2절에서, 우리는 니체가 수면 아래 내재되어 있는 생명력의 과정들이 지닌 시간적 복잡성을 도출하기 위해, 형이상학에 고유한 이 두 행동을 '파괴하는' 표현을 구상해 낼 것이다. 이 복잡성은 우리가 니체를 따라서 그의 '계보적' 방법이라 부르게 될 것이다. 제I장이 보여 주게 되는 것은, 니체의 계보학이 이와 같은 파괴 자체를 통해서 힘들의 영역에 대한 분석(우리는 이것을 '에너지적' 또는 '기술-에너지적' 분석이라 부를 것이다)으로 귀결된다는 점과, 이와 같은 힘들의 영역이 생명의 운동에 다름아니고 인간은 이 운동의 한 결정 주체라는 점이다.

제II장에서 우리는 이러한 분석을 좀더 세밀하게 밀고 나갈 것이다. 그리하여 어떻게 그것이 형이상학으로부터 탈출이 이루어지는 표현을 제공하는지 분명하게 밝힐 것이다. 그렇지만 이어서 이러한 탈출이 니체에게서는 여전히 애매하다는 점을 보여 줄 것이다. 우리는 그것이 그가 파괴하는 형이상학의 뒤쪽에서 힘의 철학으로 나가든지, 힘들과 이 힘들의 배분분석으로 나가든지 한다는 것을 보게 될 터이다. 이 분석의 독창성 자체는 '정신과 육체'·'지성과 정서'·'사상과 기술' 같은 형이상학적 대립을 초월하고 있다는 데 있다. 애매성을 유지하면서, 제II장은 바로 니체의 이러한 분석이 '선악을 넘어서' 진정한 '윤리'를 제시하고 있다는 가정을 내놓을 것이다.

제III장은 형이상학에 대한 '재평가'('동일한 것의 영원한 회귀'·'초인', 그리고 '권력에의 의지')가, 어떻게 실제로 형이상학의 이면에서 도출된 힘들을 시간의 변전 생성이라는 표현으로 해석하는지 분석하면서 위의 가정을 확인하게 될 것이다. 이 제Ⅲ장이 진척되는 동안, 그리고 제Ⅱ장에서 개진된 주제들에 이어서 우리가 알게 되는 것은, 이러한 니체의 윤리가 우리의 종말적 성격에 대한 진정한 작업(애도의 작업)을 미리 전제하고 있다는 것이다. 또한 분명하게 밝혀질 것은, 니체가 이러한 작업에 저항하는 한 언제나 힘의 철학에 다시 떨어진다는 것이다.

제Ⅳ장 전체는 이러한 시간의 윤리와 더불어 힘들의 영역에 대한 가장 복잡한 분석을 내놓게 될 것이다. 그렇게 하면서, 니체가 가장 흥미진진한 모습을 보이는 때는 우리의 '정서적 현상'과 '기술성'에 대한 역사적·철학적 고찰을 하는 때라는 점이 암시될 것이다. 그리고 이러한 고찰이 미래의 이름으로 우리의 종말적 성격을 윤리적·정치적으로 적용하는 쪽으로 귀결된다는 것도 암시될 것이다. 따라서 니체의 애매성은 해야 할 작업의 성격을 부정적으로 보여 주기 위한 교훈의 구실을 하게 될 것이다. 이 교훈은 우리 시대가 점점 더 가속화되는 세계의 기술화, 종교적인 것의 회귀, 그리고 파시즘의 망령에 의해 규정되는 만큼 더욱 중요한 교훈이다.

I

형이상학과 계보학

1 형이상학

1. 형이상학은 삶에 가해진 폭력이다

《우상의 황혼》(1888)에는 〈어떻게 '진정한 세계'가 우화가 되었는가――한 오류의 역사〉라는 제목이 붙은 유명한 항목이 있는데, 이 항목은 니체가 그보다 시대적으로 앞선 모든 사람들에 반대해 '형이상학'을 통하여 의미하고자 하는 바를 압축적이고 반어적으로 설명하고 있다. 단순히 감각적인 것과 소여를 넘어선 세계, 철학자들과 수도사들에게 공통적인 그런 세계가 있다는 것만을 의미하는 것이 아니다. 이와 같은 감각적인 것과 소여가 있는 그대로 이해되도록 만드는 그 무엇이 있어 그것들과 구분된다는 관념 자체가 그에게는 납득이 가지 않는 것이다. 이 항목의 전반부는 이러하다.

1) 현자·수도사·덕망 있는 자가 도달할 수 있는 진정한 세계――그는 이 세계 안에서 살며, 그 자신이 이 세계이다.
(이러한 관념의 가장 오래 된 형태로서, 상대적으로 지적하며 단순하고 설득력 있는 형태로서 이 명제를 완곡하게 표현한 것은 이렇다. "나, 플라톤, 나는 진리이다.")
2) 현재는 도달할 수 없지만 현자·수도사·덕망 있는 자(그리고 '속죄하는 죄인')에게는 약속된 진정한 세계.

(이러한 관념의 진보: 이 관념은 더욱 섬세해지고, 더욱 올가미를 씌우고, 더욱 이해할 수 없게 된다――그것은 여자가 된다. 그것은 그리스도교적이 된다……)
　　3) 도달할 수 없고, 입증할 수 없고, 약속할 수 없는 '진정한 세계.' 하지만 그것이 상상에 지나지 않을지라도 위안이고, 의무이고, 명령이다.
　　(요컨대 오래 된 태양이지만, 안개와 의심에 의해 흐려진 태양이다. 숭고하고, 창백하고, 북유럽적이고, 쾨니히스베르크적이[3] 된 관념이다.)[4]

　각각의 단락은 '형이상학'의 중요한 단계를 특징짓고 있는 듯하다. 중요하다는 것은, 형이상학이 각각의 단락 속에서 그것의 성격을 드러내고 있다는 의미에서 그러하다. 형이상학은 우선 플라톤과 더불어 설립되고, 다음으로 그것의 변모들 가운데 하나인 그리스도교 속에서 문화적으로 전개되고, 마지막으로 칸트 철학에서 전개된다는 것이다. 니체에 따르면, 여러 단계가 있지만 이중적이고 끔찍한 동일 행동이 나타난다. 즉 '형이상학'은 삶을 두 개의 세계로 나누는 데 있다는 것이다. 하나는 가치가 부여된 '진정한' 세계이고(내세), 다른 하나는 가치가 평가절하된 '가짜의' 또는 '환상적' 세계이다. 이렇듯 확실한 사실에 이르러 이로 인해 슬퍼하고, 새로운 전망이 없기 때문에 그대로 있어야 하는 것, 이것이 근대 니힐리즘의 속성이다. 우리는 이에 관해 다시 언급할 것이다.
　이와 같이 이원적인 가치의 부여, 가치의 평가절하는 형이상학적 사유의 특성이라고 생각된다. 다양하고 복잡한 감각의 세계가 야기하는 공포에 명령된 대답으로서, 삶의 연속을 두 개의 분리된 세계로 양분하는 것은 방어이며 질서의 욕망을 표현한 것이다. 형이상학은 각 시대에서 감각세계의 다양성과 복잡성을 일정한 통일성과 지속성으로 끌어내리려 애쓰는 행동이 된다. 이와 같은 끌어내리기가 어떻게 이루어지는가를 보기 전에, 우선 형이상학의 기원에 대한 그 '심리학적' 분석의 결과를 밝혀 보자.

먼저 형이상학적 사유는 논리의 중심에서 언제나 성찰 이상의 것이 되고, 철학——철학의 관심 사항들은 그것이 구상해 낸 체계 내에, 또는 체계의 작용 내에 머무른다——이상의 것이 된다는 것이다. 그것은 욕망인 것이다. 실제 니체에게는 외관상 가장 순수한 사유조차도 단순히 하나의 의미, 제안 또는 시(詩)가 아니다. 그것은 심적 에너지가 '실려 있는' 것이다. 그것은 '정서가 담겨 있다.' 여기서 형이상학적 사유를 가로지르는 정서는 그저 단순히 정서가 담기지 않기를 바라고, 감각세계에 초연하고 싶은 욕망이다.

두번째로 형이상학은, 그것의 개념들과 방향들이 아무리 추상적이고 공정하고 관념적이라 할지라도 처음부터 끝까지 현세계 속에 편입된다는 것이다. 예를 들어 플라톤에게서 보듯이 그것이 사유의 대상으로서, 목표 자체로서 이 세계와 다른 것(이데아의 세계)을 가지고 있다고 믿을 때일지라도, 그것은 여전히 이 세계에 대한 사유인 것이다. 철학 분야들——존재론(존재들의 이론)·인식론(인식의 이론)·윤리학(존재하는 것에 대한 답으로서 무엇을 해야 하는가에 대한 이론)——사이에 방법적인 모든 구분을 하기도 전에, 형이상학은 그 내부에서 하나의 도덕이다. 그러나 이 도덕은 하나의 관심과 전략이 가져온 것이다. 그런데 모든 도덕은 원칙적으로는 공평하고 악의가 없다. 형이상학의 관심 사항들이 명료하게 공표되거나, 위선적으로 감추어져 있거나, 또는 무의식적으로 배제되어 있다 할지라도 그것은 가치들(필연적으로 순수하지 않은)을 제안한다. 그것은 세계에 대한 하나의 해석(필연적으로 편파적인)을 구성한다.

세번째로 형이상학의 '도덕적' 성격은, 주어진 모든 윤리에 앞서 선험적으로 형이상학을 하나의 문화가 되지 않을 수 없도록 한다는 것이다. 이 점을 통해서 우리는 니체가 왜 형이상학의 역사에서 그리스도교에 그토록 큰 자리를 부여하는지 이해할 수 있다. 그리스도교는 형이상학에 대한 욕망의 진실을 구성하지만, 이 진실과 모순 속에 있다. 왜냐하면 이 진실은 세계를 구하기 위해 감각의 욕망을 초월하여 존재하고자 하지만, 여전히 세계에 얽매여 있기 때문이다. 그리고 세계로부터 벗어나고자 하는 매우 세속적인 이러한 욕망 속에서, 그것은 계속해서 세계에 의미와 형태를 부여하기 때문이다. 그러나 이 형태 자체가 그것이 지닌 고유한 충동적 모순에 의해 이끌린다. 형태의 창조는 세계에 대한 총체적 과소평가인 것이다……. 그렇기 때문에 궁극적으로 형이상학은 역사를 구성하면서도, 처음 설립 때부터 허무주의적이다. 그러므로 그것의 논리가 지닌 환상적 성격의 출현은, 그것의 자기 창립의 행동 속에 프로그램화되어 있는 것이다. 달리 말하면, 신은 세상에 오면서 죽은 것이다. 그는 죽어서 태어난 것이다.

2. 형이상학과 창설적 개념들

이제 니체를 따라서 다양한 것과 복잡한 것이 어떻게 단순하게 끌어내려지는지 접근해 보자. 형이상학적 '사유'가 삶을 두 개의 세계로 분리시키면서, 목표로 하는 통일성과 지속은 철학을 창설하는 개념들에서 형태를 취한다. 이 개념들은 하나의 모델에 의지한다. 아니, 그보다 그것들은 하나의 이상성을 목표로 한다. 이 이상성은 세계에는 없지만, 이 세계의 방향뿐만 아니라 가능성 자체를 구성한다. 다시 말해, 그것은 우리로 하여금 이 방향을 인지할 수 있게 해주고 도달할 수 있게 해준다. 플라톤의 형상(또는 '이데아')과 아리스토텔레스의 '범주'로부터 칸트가 명명한 '오성의 선험적 개념'에 이르기까지, 형이상학은 사건들에 존재와 의미를 부여하는 '통일적 단위들'을 이 사건들 뒤에서 체계적으로 찾고 있다.

이와 같은 지도적 개념들은 여러 개의 범주로 나누어진다. 특별히 의미가 있는 두 개를 언급해 보자.

1) 우리로 하여금 사건들을 있는 그대로 알아볼 수 있게 해주는 '일반 개념'이 있다. 예를 들어 경험적으로 주어지는 모든 '책상' 뒤에는 책상이라는 일반적인 관념이 그것의 특별한 형태, 스타일, 그리고 그것이 만들어지는 재료와 더불어 존재한다.

2) 있는 그대로 사건의 이해를 구조화시키는, 보다 일반적으로 존재하는 개념들이 있다. 사건들이 사건들(혼돈스런 일련의 감각이 아니라)이 되기 위해서는 통일적 단위들이나 전

체들로서 포착될 수 있어야 한다. 다음으로 사건들이 서로 다른 통일적 단위들로 포착되어야 하고, 그렇게 하여 그것들이 정연한 공간적·시간적 축들 위에 나타날 수 있게 해주는 관계(관계가 없이 혼돈스런 일련의 감각이 아니라) 속에 위치해야 한다. 이런 종류의 가장 잘 알려진 개념들은 '실체'와 '주체'·'양'과 '질'·'인과관계'와 '공동체'·'가능성'과 '불가능성' 같은 것들이다. 예를 들어 태양이 돌을 달구고 있다고 표현할 수 있기 위해서는, 태양과 돌이 사건들(실체)을 통과하며 집요하게 버티고 있다는 감정과, 사건들의 순서가 특별한 방향(돌이 뜨거워지도록 '야기하는' 것은 태양이다)으로 간다는 감정이 이미 정신에 떠올라야 한다.

이러한 개념들은 우리를 위해 세계를 조직하고, 우리가 세계를 알 수 있도록 해주는 통일적 단위들이다. 형이상학적 사유의 측면에서 보면, 그것들은 세계로부터 이 세계에 존재하는 경험으로부터도 추론될 수 없다. 이런 의미에서 그것들은 경험적이 아니다. 사람들은 적어도 칸트 이후로 그것들을 '초월적인(선험적인)' 것으로 부른다.

경험을 초월하면서, 그것들은 경험의 가능성을 가능성 그 자체로 구성한다고 말해진다. 그것들은 경험을 경험으로서 확인하는 데 필요한 것이다. 즉 그것들은 경험을 우리에게 영향을 주고, 우리에게 일어나고, 우리를 변모시키는 그 무엇으로서 확인하는 데 필요하다. 나아가 그것들은 이런 일(무언가가 우리에게 영향을 주고, 우리에게 일어나고, 우리를 변모시킨다는 것)을 우리가 그대로 인정하는 그 무엇으로서 경험을 확인하는 작업에 필요한 것이다. 이 개념들이 상호 교환될 수 있다거나, 그것들이 모두 동일한 플랜 아에서 작용한다는 것을 의미하는 것이 아니다. 한편에서 그것들은 다른 세계, 즉 형이상학자가 동경하는 순수한 본질의 세계(플라톤은 그리스도교가 내세우는 가치들의 가장 중요한 원천들 가운데 하나이다)와의 관계를 명확히 드러낸다. 다른 한편에서 그것들은 어떤 객관성을 지니고 있지만, 그 유효성은 이 세계에 분명히 제한된다. 제한되지 않을 경우 도덕적 방향 상실을 야기할 각오를 해야 한다. (칸트는 근대 초기에 이러한 제한이 없을 경우 '신비주의적인' 열정에 떨어진다고 분명하게 밝히고 있다.)[5] 그러나 개념들의 특별한 양태들이 어떠하든지, 형이상학 전체를 특징짓는 특성은 형이상학이 사건들을 지속적인 통일적 단위들에 준거하여 이해되어야 하는 것으로 제시한다는 것이다. 이 단위들은 이 사건들에 선행하고, 이를테면 그것들을 지휘하는 것들이다.

앞에서 인용한 니체의 텍스트로 되돌아가 보자. 우리는 이제 이렇게 결론을 내릴 수 있다. 그에게 이 통일적 단위들은 해석의 필터들이고 '표상'들[6]이다. 이 표상들이 움직이는 복잡한 삶을 단순화하여 그것을 '포착하고,' 그것의 의미를 결정하게 해주는 것이다. 두 '세계'로의 분할——아니면 보다 수수하지만 여전히 이러한 분할을 중심축으로 한 경험적인 것과 초월적인 것(선험적인 것) 사이의 차이——은 삶을 인식할 수 있게 해주지만 삶의 본질, 즉 삶의 변전 생성 자체를 부정한다는 대가를 치러야 한다. 통일성이 다양성을, 단순성이 복잡성을 우선하게 하는 이와 같은 행동은 형이상학의 논리를 구조화시키는데, 이 논리 자체가 시간의 흐름이 지닌 '순진무구함' 앞에서 두려움을 나타내는 징후이다. 니체에게 이와 같은 행동의 가장 큰 예를 보여 주는 이름은 신이다. 신은 세계의 제일 원인이고, 시간과 공간을 통해 집요하게 버티고 있는 실체이기 때문이다. 그러므로 신은 니체의 더할 나위 없는 적이다……

3. 어떻게 형이상학적 사유는 정착되는가

니체는 이렇게 말한다. 삶의 권리를 인정하기 위해서 형이상학적 사유를 파괴해야 한다. 이 말이 의미하는 것은, 이 사유의 개념들 이면에 위치하여 개념들의 통일성이 어떻게 나타났으며, 어떻게 그것들이 형태를 갖추었는지 그려내야 한다는 것이다. 그러기 위해서는 그것들이 작용하는 메커니즘을 잘 이해해야 한다. 달리 말하면, 삶은 어떻게 통일적 단위들로 자신이 고정되게 만드는가, 무엇이 문제인가?를 이해해야 한다. 우리가 앞으로 여러 번에 걸쳐 다시 언급하게 될 두 개의 예를 들도록 하자. 첫번째는 인식론의 범주에 들어가고, 두번째는 윤리학의 범주에 들어간다.

모든 사람들이 코르나로[7]의 유명한 책을 알고 있다. 이 책에서 저자는 덕망 있고 행복한 장수의 비결로서 간소한 식이요법을 권장하고 있다. 나는 어떠한 책도(물론 성서를 제외하고) 이만큼 해악을 끼친 적은 결코 없었음을 확신한다. (……) 그 이유는 원인과 결과의 혼동에 있다. 이 정직한 이탈리아인은 예의 식이요법에서 자신이 장수하는 비결을 보았다. 그런데 사실은 오래 살기 위한 첫번째 조건으로서, 신진대사가 극도로 느린 것과 근소한 소비가 그의

간소한 식이요법의 원인이었던 것이다.[8]

 민중이 번개를 벼락이란 이름을 지닌 주체의 행동과 결과로 간주하기 위해 벼락을 번개로부터 분리하듯이, 마찬가지로 민중의 도덕은 (힘으로 하여금 힘으로 표현되지 않도록 요구하면서) 힘을 힘의 결과와 분리시킨다. 마치 강한 인간 뒤에는 힘을 자유롭게 나타내든지 말든지 할 수 있는 어떤 중립적인 기체(基體)가 있기라도 하듯이 말이다. 그러나 이런 종류의 기체는 없다. 행동·결과, 그리고 변전 생성의 뒤에는 어떤 '존재'도 없다. '동작주'가 행동에 덧붙여졌을 뿐이다——행동이 전부인 것이다. 요컨대 민중은 벼락이 내리칠 때 행동을 둘로 나누는데, 이것은 행동의 행동이다. 그들은 동일한 사건을 한 번은 원인으로, 또 한 번은 이 원인의 결과로 간주한다. (……) 재 속에서 타오르는 억제된 정서가, 강자는 자유로이 약자가 되고 맹금은 자유로이 어린양이 될 수 있다는 믿음을 이용한다면 얼마나 놀라운 일이겠는가. 사람들은 그렇게 맹금으로부터 자신이 맹금이라는 사실을 책임지는 권리를 가로챈다. (……) 이런 종류의 인간은 보존 본능에 의해 자유 의지를 부여받은 중립적인 '주체'에 대한 믿음을 필요로 한다. (……) 주체(또는 좀더 민중적인 언어로 말한다면 영혼)는 아마 지금까지 지상에서 가장 훌륭한 신조로 남아 있는 것이리라.[9]

두 인용문에서 과장법은 놀랄 만하다. 우리는 본장의 말미에, 그리고 다음 두 장에서 형이상학에 대한 니체의 과격한 파괴를 다시 다룰 것이다. 우선 중요한 것은, 니체가 무엇을 탓하고 있는지를 분명하게 보여 주는 것이다. 앞선 두 예는 동일한 논리가 작용하고 있음을 보여 준다. 이 논리는 일어나는 일과 일이 일어나는 대상으로서 사물 또는 사람 사이의 분리이든가, 아니면 일어나는 일과 일을 일으키는 사물 또는 사람 사이의 분리이다. 이 분리는 사건 밖에 있는 어떤 주체——사람들은 사건의 책임을 이 주체에게 돌린다——에 대한 합리적인 '민중적' 픽션을 생산해 낸다. 이러한 논리의 탁월한 조작자는 인과관계의 범주이다. 무언가에 대해 책임이 있다는 것은 결과에 대한 원인이 있다는 것을 함축한다. 니체에 따르면, 바로 다른 모든 범주 위에 있는 이 범주가 현실세계를 인식으로 바꾸어 놓는 것이다. 뿐만 아니라 그것은 형이상학을 창설하는 다른 개념들이 가능케 하는 조건이다. 니체는 변전 생성에 이처럼 가해진 잘못을 '원인과 결과의 혼동'이라 부른다.

코르나로의 관점에서 본 세계

이런 맥락에서 우리가 제시한 첫번째 예를 검토해 보자. 코르나로는 자신의 좋은 건강이 식이요법의 결과라고 믿는다. 식이요법이 그 원인이기 때문이다. 이와 같은 센스(의미와 방향이라는 두 가지 뜻으로서)의 부여는, '잘 지내고 있다'는 것과 '반복적으로 간소하게 먹는다'는 사건들을 인과관계의 질서를 드러내는 시간적인 연속과정으로 조직한다. 더 나아가 사건들을 이처럼 특별하게 배열하는 작업이 일어나는 일에 형태를 부여하고, 그것을 인간 '행동'의 이름으로

노래하게 만든다. 이로부터 비롯되는 매우 인간적인 확신(이것이 코르나로가 믿는 것일 뿐만 아니라 가장 중요한 것으로, 그가 다른 사람들에게 믿도록 만드는 것이다)은, 주체(코르나로와 경우에 따라서 그의 책을 읽는 자들)에 속하는 분명하고 명확한 의도(오래 살고 싶다는 것)가 존재한다는 것이다. 이때 주체의 목적은 장수이고, 장수에 도달하는 수단은 식이요법이다. 그러나 이 모든 것은 '인과관계'의 개념이, 범주로서 기능의 분명한 단순성을 통해서 설정하는 결과와 원인의 순서를 뒤집음으로써 오는 환상이다. 뒤집는다는 용어가 그렇듯 적절한 것은 아니다. 왜냐하면 니체는 문제가 되는 것은 단지 사건들의 순서라고 말하고 있는 것 같기 때문이다. 앞으로도 보겠지만, 순서의 뒤집기는 뒤집는 것 이상이다. 그것은 지금까지 작용해 온 것과 같은 '인과관계'의 범주를 뛰어넘는 역사적·개인적 복잡성을 나타나게 하기 때문이다. 우리의 예에서 이 범주는 너무 벗어나고 미묘하고 복잡하기 때문에 '의도'·'목적', 그리고 '수단'의 용어로는 포착될 수 없는 과정에 인간적 의미(와 방향)를 부여한다. 이로부터 '인과관계'의 범주가 지닌 진정한 위험이 나온다. 그것은 사건들이 '책임'의 철학——이 철학은 모든 것을 인간에 결부시킨다——에서 상호 유지하는 관계의 복잡성을 붕괴시키면서, 모든 것을 지향성의 개념에 결부시킨다. '인과관계'의 범주는, 인간이라는 결정 주체가 복잡성을 띤 사건들의 성격을 닮는 것으로 파악하는 것을 금지한다——니체는 그렇게 하는 것이 옳다고 생각한다. 그것은 반대로 인간이라는 결정 주체가 주요 동작주로서 포착되고, 삶의 중심에 놓이고, 긍극적 원인 자체로 간주되도록 한다——이로부터 그것이 지닌 윤리적이며 인식론적인 위험이 비롯된다. 모든 사건에 단순한 원인을 찾으려고 하는 것, 바로 여기서 세계를 지배하고, 삶을 인간의 세계로 만들고자 하는 인간의 의도가 시작된다.

그러나 니체가 볼 때 코르나로에게 식이요법을 하겠다는 생각이 든 이유는, 그가 이미 강한 체질을 지니고 있었기 때문인 것이다. 그 반대를 말한다는 것은, 코르나로에게 지도적인 결정 주체로서 사건들을 가로지르는 의지를 부여하는 것이 될 터이다. 그러나 니체에 따르면, 이러한 의지는——후에 다시 언급하겠지만——부대 현상에 불과하다. 물론 그것은 변전 생성에 참여하고, 그 속에서 이득을 보지만 진행 중인 다른 사건들의 척도는 아닌 것이다. 여기서 '의지'라는 관념은 일이 일어나고 난 뒤에야——반복의, 따라서 습관의 힘에 의해 식이요법과 좋은 건강 사이에 어떤 관계가 정착되고 나서야——다만 정신[10]에 떠오를 수 있는 것이다. 관계의 이와 같은 정착은, 시간에 의해 떠받쳐지고 있다는 사실 자체로 인해 일어나는 일에 대한 해석과 등가치인 것이다. 하지만 그것이 일어나는 일의 진실은 아니다. 그러므로 '의지'의 개념은 일어나는 일의 분석에서 정당하게 하나의 자리를 차지할 수 있다. 그러나 오로지 그것이 시간 속에서 '정당한' 자리에 놓일 때 이 자리를 차지할 수 있는 것이지, 사건들의 기원에 놓일 때는 아니다. 그것은 이 사건들의 일부에 지나지 않는다. 의지는 다만 결과-사건들 가운데 하나인 것이다. 그것은 어떤 존재론적 특권도 없다. 그리하여 환언하면, 니체에게 기원도 끝도 없는 과정을 고정시키고 정리하고자 하는 형이상학적 욕망이 일어나고 있는 진실에 형태를 부여하는 것이 아니라, 어떤 '전망'에 형태를 부여하는 것이다. 이 관점 자체도 역사와 시간의 어떤 주어진 순간에 생기는 것이다. 우리는 니체가 다양한 것과 복잡한 것을 통해 의미하고자 하는 바를 이해하기 시작하고 있다. 그는 이것을 자주 단순하게 '전망주의'라 부르고 있다.

약자의 관점에서 본 삶

변전 생성을 부인하고 삶의 과정을 단순화시키는 것, 이것들은 무엇에 소용이 있는가? 바로 여기서 우리는 강자와 약자라는 분명히 윤리적인 범주에 속하는 두번째 예로 신속하게 넘어가는 것이다. 약한 자는 '주체'의 개념 —— 게임중인 힘들을 특별히 흥미롭게 포착하고/일정한 방향으로 유도하고/안정화시킨다는 개념 —— 을 자신 안에 들어 있는 자기 보존 본능을 통해 이용한다. 이러한 본능(게임중인 힘들 가운데 하나이지만 가장 약한 것은 아니다)에 의해 부추겨진 그는, 그 자신과 강자가 참여하는 사건들 이전에 '의지'와 '자유 의지'의 개념들(이것들은 정의적인 성격을 띤 것이 아니라, 주체의 생산과 관련하여 상관관계가 있는 것이다)을 생산한다. 그리하여 그는 결과적으로 강자에게 강자의 존재와 약자의 존재 사이에서 선택할 수 있다는 것을 믿게 한다. 사람들이 논리적으로 '매우 솔직하게' 주어인 '벼락'과 술어인 '치다'를 상기시키면서 벼락을 번개로부터 분리하듯이, 마찬가지로 그들은 인간 존재를 이 존재의 행위들로부터 분리하고, 행위들에 대한 책임을 지우며, 그의 자유에 따라 다르게 행동하거나 행동한 것이라고 간주한다.

이와 같은 분리는 근대 윤리의 핵심을 구성한다. 이 윤리에 따르면 우리의 상태를 드러내는 실제상의 속성(경제적·사회적·정치적·종교적·윤리적·성적)이 어떠하든간에, 우리는 당연히 자유롭고 자율적인 주체이다. 바로 권리와 사실 사이의 이러한 분리에 따라서, 니체의 철학은 강자와 약자가 그들의 '본성'에 따라 행동하는 것 이외에 다른 선택이 없다는 분석을 한다는 이유로, 근대적인 주체의 이름으로 신속하게 비난받는다. 그런 분석을 통해 이 철학은 힘의 철학, 그리고 최악의 경우에 파시즘과 나치즘을 예고하고 있다는 것이다. 이러한 독서는 완전히 부당한 것은 아니다. 그러나 그것이 이와 같은 주장이 처해 있는 복잡성을 무시한 채, 이러한 단계와 분석의 수준으로 머무르는 데 만족한다면, 그것은 차례로 니체의 사상에 피해를 주는 것이다. 그런 식으로 니체를 단순화시킴으로써 그것은 관련된 목적들, 즉 분명 니체가 오늘날 우리에게 불러일으키는 모든 관심을 구성할 수 있는 그 목적들을 단순화시키는 것이다. 우리는 이 문제를 제II장과 마지막장에서 자세히 다시 다룰 것이다. 여기서는 이 사상을 역사적 결과의 단순한 이유(!)로 만들려고 하는 것이 조금 제한적으로 보인다고 말하자.

우리가 지금까지 언급한 내용의 관점에서 볼 때, 우리가 오히려 말할 수 있는 것은 근대적 주체가 그리스도교적 '영혼'의 연장적 모습을 형성한다는 것이다. 이 영혼은 '자아'의 형태로서 시간의 밖에 있는 추상적 존재로 간주되어 있다. 이와 같은 추상성은 사건을 서술하는 모든 기록과 모든 역사에 앞서 인간 존재의 보편성을 창출한다. 여러분이 부여받는 '술어'가 무엇이든간에(여자 혹은 남자, 빈자 혹은 부자,

흑인 혹은 백인, 이슬람교도 혹은 그리스도교도 혹은 유대교도 등등), 여러분이 인간이라면(어떤 '조건'……이라도) 여러분은 주체를 구성하여 원칙적으로 그러한 '주체성'의 권리를 누린다. 이러한 권리는 변전 생성을 뒤집는 데 있는, 즉 주체를 결과나 전망(관점)으로 간주하기보다는 사건들의 기원에 갖다 놓는 데 있는 형이상학적 논리로부터 비롯된다.

이러한 전망은 고백되지 않은 것이기에 게임중인 힘들을 감출 위험이 있다. 엄폐는 목적이 있으며, 하나의 전략이다. 힘들의 운동에 참여하면서, 그것은 같은 순간에 자신의 고유한 힘을 권리로서 이론화시키고, 분명히 힘과 교대하는 것으로서 이론화시킨다. 니체는 주체의 근대적 개념과 이와 같은 엄폐적 전략을 무엇이 연결시키고 있는지 설명하려 한다. 그의 말에 따르면, 이 전략의 의도는 약자가 강자를 이겨 생명을 보전하는 것이다. 우리가 이해하였던 바와 같이, 그에게 모든 것은 힘들의 게임에 불과하다. 자연과 문화, 힘과 권리 사이에는 어떠한 대립도 없다는 것이다. 그렇지만 약자는 강자의 힘에 저항하기 위해, 강자가 가지고 있는 이점을 박탈하여 그를 무해한 존재로 만들어야 한다. 그러기 위해 약자는 강자의 힘을 강자로부터 분리시키고, 그의 행위들에서 뽑아낸 그를 '주체'나 '의지'로 제시하면서 이 힘을 중화시킨다. 분리는 플라톤에 의해 내세워진 두 세계로의 분할——이 분할은 그리스도교의 '원죄' 심리학(세계의 사건들이 어떠하든 너는 그것들에 대한 책임이 있으며, 너는 그것들의 원인이다)에 의해 뒷받침된다——을 근대에 윤리-정치적으로 해석한 것이다. 이것이 바로 '쾨니히스베르크 사람'의 착상이고, 합리적인 한 인간의 착상인 것이다. 이 착상은 우리가 실제적으로는 결코 만날 수 없지만 조정적 착상으로서 세계 속에서 우리의 행위들을 지도할 수 있다.[11] 우리는 우리가 시작한 역사로 되돌아오게 된다.

형이상학의 모든 단계에서, 그것의 범위(존재론적·인식론적·윤리적 또는 정치적)가 어떻든간에 삶은 인간이 지배하도록 제안된다. 변전 생성을 거부하는 도식 속에서 포착된 삶은 배타적 평가 기준에 따른다. 이 기준은 인간이라는 동일한 종(種)의 많은 존재들과 다른 유형의 많은 삶의 형태들 (동물과 동물의 종들, 식물과 식물의 종들 등) 가운데 살지만 쇠퇴하고 있으며, 삶을 있는 그대로 긍정하지 못하는 존재의 평가 기준이다. 이 평가는 그 자체로서 부당한 것은 아니다. (어떻게 삶의 일부분이 삶으로서 부당할 수 있는가?) 그러나 유일한 평가가 되려고 함으로써 그것은 부당하게 되며, 복잡성·다양성 그리고 변전 생성 속에서 이해되어야 할 삶에 피해를 준다. 피해는 낯선 것이 친근한 것의 이름으로 감추어지고, 새로운 것이 이미 일어난 일의 이름으로 감추어진다는 것이다. 다시 말해 결과와 원인 사이의 혼동, 다양하고 복잡한 과정을 주어와 술어로 뒤집는 것, 그리고 이와 같은 재조직화를 동반하는 모든 개념들, 이런 것들이 시간을 구성하는 예측 불능성을 부정한다는 것이다. 그렇기 때문에 형이상학을 파괴하려는 니체의 기도는 인간 문화의 중심에서 시간을 인정하려는 기치 아래 이루어진다. 우리가 보여 주리라 기대하는 것이지만, 이것은 그 여파가 멀리까지 미치는 주장이다.

2 형이상학의 계보

형이상학을 이기기 (위해서는)…… 역행적인 운동이 필요하다. 즉 (형이상학적) 표현에서 이 표현의 역사적이며 심리적인 정당성을 포착해야 한다.[12]

우리는 니체에게 형이상학이 두 개의 행동으로 구성되어 있다는 것을 보았다. 하나는 시간의 방향을 뒤집은 것이고, 다른 하나는 이와 같은 뒤집음 자체를 통해서 생명의 과정을 단순화시킨다는 것이다. 이 두 행동은 동체가 되어 형이상학이 하나의 도덕이라는 점을 드러낸다. 이 도덕은 자기의 고유한 힘을 부정하고, 그것이 속해 있는 힘들 앞에서 도주하는 그런 도덕이다. 여기서 우리가 말하고 싶은 것은, 니체에게 형이상학이 어떤 '징후적인' 사상의 모습을 형성한다는 것이다. 그런데 정신분석학적 언어로 말하면, 징후란 억압된 정서의 신체적 표시로 드러난다. 의식의 검열과 해소되려는 무의식적 욕망 사이의 타협으로서, 징후는 의식과 무의식 사이에 현재의 균형을 유지한다. 그러나 이러한 사실로 인해 그것은 주체가 이 욕망을 받아들여 균형을 깨는 것보다 더 주체를 고통스럽게 할 위험이 있다. 마찬가지로 형이상학은 형이상학이 언제나 함께 다루고 있는 것, 즉 시간과 생명을 부정하는 사상임이 확실하게 드러난다. 그렇게 부정함으로써 그것은 인류를 우연의 심연으로부터 구하지만, 인류가 이 심연의 불가피성을 받아들일 때보다 인류를 더욱 고통스럽게 한다는 것은 개의치 않고 있다. 그러므로 형이상학의 파괴와 관련하여 두 개의 문제가 니체에게 제기된다. 하나는 이와 같은 '부정'을 어떻게 나타나게 할 것인가이고, 다른 하나는 이 부정이 나타날 때 그 자리에 어떤 일이 일어나는가이다.

우리는 본서의 나머지를 이 두 문제에 답하는 데 할애할 것이다.

시작하기 위해 다시 강조해야 할 것은 니체가 시간의 전도를 바로잡고, 이 전도가 가져온 생명과정의 단순화를 다시 복잡화시키는 방법들을 탐구하면서, 형이상학의 징후를 없애게 하는 나름의 방법을 내재적으로 찾아내고 있다는 점이다. 달리 말하면, 우리가 서문에서 암시한 바와 같이 시간과 삶을 받아들이는 새로운 방법(그것들의 움직임을 없애지 않는 방법)이 도출되는 것은, 바로 형이상학의 개념들과 담론적 전략들을 '파괴하는' 과정 내부로부터이다. 지금까지 우리는 파괴해야 할 것이 무엇인가를 추적해 왔다. 이제 이러한 파괴의 표현들을 이해하여야 하는데, 이는 어떻게 이러한 파괴가 형이상학적 가치들에 대한 '재평가'로 바뀌어지는가를 알기 위한 것이다. 이것이 우리가 본장의 2절에서 다루는 대상이다. 이러한 재평가의 행동은, 니체를 이 행동이 윤곽을 드러내는 입장과는 거리가 먼 철학적·정치적 입장으로 귀착시키면서 애매성이 관통되고 있는 만큼 더욱 중요하다. (특히 오늘날 니체의 독자에게는.) 본장의 마지막에서 우리는 이와 같은 애매성의 '구성관계'를 간단하게 상기시킬 것이다. 이 애매성은 다음장에서 전개되는 주장들에서 그것의 정당한 전후관계가 고려되어 다시 다루어질 것이다. 다음장은 형이상학의 파괴와 재평가 사이의 전환 움직임에 할애된다. 먼저 '파괴'의 표현들에 접근해 보자.

1. 그리스 비극으로부터 계보적 방법으로

형이상학의 이면으로부터 철학자는 변전 생성을 받아들일 수 있도록 철학하는 것을 배워야 한다. 그는 신의 죽음을 받아들이는 최초의 사람이 되어야 한다. 니체의 첫번째 저서인 《비극의 탄생》(1872)에서, 이 죽음은 '비극'이라는 이름을 지닌다. 당시에 니체는 그리스의 비극 속에서 변전 생성이 받아들여지고 있음을 보고, '비극적' 미래를 사유하기 위해 이로부터 영감을 얻는다. 존재의 '공포'——언제나 넘쳐나고 자기 파괴적이며 영웅들의 세계에 리듬을 주는, 방향도 없고 정의도 없는 삶의 생성 변전——에 비극의 드라마가 드러내는 마스크들과 장면이 대체된다. 이와 같은 대체가 우리로 하여금 보게 해주는 것은, 형이상학이 시작(니체는 플라톤에서 시작되었다고 본다)되기 전에 그리스인들은 예술을 통해서 삶을 정당화시킨다는 점이다. 진정한 의미에서 형태를 증여하는 주체로서 예술은 각각의 형태, 각각의 형상 뒤에 있는 심연으로부터 인간을 구제한다. 이 형상은 세계를 우리가 살 수 있는 세계로 구성하는 것이다. 그렇기 때문에 예술은 니체의 철학에서 그토록 깊은 존재론적 위상을 지닌다. 그것은 인류가 살 수 있는 조건들을 만든다. 소크라테스, 그리고 그 다음으로 플라톤이 거부하는 것은 변전 생성과 형태 사이의 이와 같은 교섭이다.

니체에 따르면, 플라톤이 비극적 예술을 배척한 이유는 그가 '무언가 전적으로 당찮은 것, 결과가 없이 남아 있는 것 같은 원인들, 원인을 분간해 낼 수 없는 결과들,' 열정적이고 예민한 영혼들을 위험스레 타오르게 할 준비가 된 무엇, 이런 것들을 예술에서 보고 있기 때문이다.[13] 비극에 대한 플라톤의 불만으로 인해 전체적으로 예술에 대한 형이상학적 사유의 승리가 시작된다. 그의 전략은 예지적인 '이데아'를 보잘것 없이 막연하게 모방하면서, 예술을 감각의 세계로 추방하는 것이다.[14] 《비극의 탄생》에서, 그리스 비극에 대한 니체의 재해석은 심연과 형태의 관계를 가장 중요한 것으로 간주하는 것이다. 우리의 논지와 관련하여 여기서 개진하기에는 너무 외적인 이유로 인해,[15] 니체는 리하르트 바그너에 대한 지식적인 찬사와 아르투어 쇼펜하우어의 낭만주의적 철학으로부터 벗어나면서 70년대에 방향을 바꾼다. 이러한 이탈은 그의 사상적 단계에서 볼 때, 형이상학의 파괴 속에서 예술의 존재론적 위상과 관련되어 있다. 형태를 통해 심연을 메우려 하기보다는——이는 생명의 넘침을 생각하기에는 너무 낭만적이고 허무주의적이며, 너무 인간적인 표현이다——이 넘침에 침투해야 하고, 그것을 분절하여 분명히 진술해야 하고, 그것이 물질적으로 그리고 역사적으로 전개된 모습을 제시해야 한다. 다음 여러 해 동안에 니체는 이 '분절하여 명확히 밝히는 것'을 계보라고 부르기 시작한다. 이 시기부터 신의 죽음에 대한 초상(初喪)은 이 명칭을 지닌다.

'계보'라는 용어는 '자유로운 정신들을 위한 3부작'인 《인간적인, 너무나 인간적인》·《여명》·《즐거운 지식》(1878-82)에서 개신된다. 다음의 논기들은 이 작품들과 《도더이 계보학》에서 끌어낸 것이다. 《도덕의 계보학》은 여러 가지 면에서 3부작의 논지를 압축한 텍스트인데, 우리는 다음장에서 이를 자세히 고찰할 것이다. '계보'라는 용어의 고전적 의미는 가계의 연구, 또는 이 연구에 관한 학문과 관련되어 있다. 우리를 현재로부터 먼 과거로 인도하고, 반대로 이 과거로부터 현재로 인도하는 가계 사슬의 고리들을 재구성하면서 유산의 기원까지 시간을 거슬러 올라가는 것이다. 형이상학의 계보는 형이상학적 사상을 시간 속에 다시 집어넣는 것이다. 그러면서 그것은 이 사상의 체계와 역사를 전략적 행동들로 명백히 설정하고, 이 체계와 역사가 용인하지 않는 복잡성으로부터 이 사상의 행동들을 분리시킨다.

2. 계보의 두 사면

3부작에서 이 계보는 동일한 철학적 추진력의 두 부분을 형성하면서, 흔히 서로 교차하는 두 사면(斜面)으로 제시된다. 하나는 역사적이다. 형이상학적 개념들과 전략들을 역사 속에 분해시키는 작업이 시간의 흐름을 생성 변전의 방향으로 이끌어 간다. 두번째는 과학적이다. 독일어로는 Wissenschaft로 표기된다. 이 용어를 통해 니체는 문맥에 따라서 일반적으로 지식, 또는 특별하게 과학들을 의미하고자 한다. 이 과학들 가운데 그는 자연과학·의학·생리학, 그리고 심리학을 포함시킨다. 이 용어의 두 의미 사용을 연결하는 것은, 이 과학들이 니체에 의하면 형이상학적 표상들('주체'의 개념으로부터 '궁극적 목적'의 개념까지)을 도입하지 않고 '개념들을 통해서 자연을 모방하는'[16] 방식이다. 사실 이 학문들에 '지식'의 위상을 부여하고, 이어서 '과학'이 될 수 있는 가능성을 부여하는 것은 변전 생성하는 세계──기원도 텔로스(방향이나 목적지)도 없고, 원인도 의지도 없는 세계──로서, 사건들의 세계에 대한 탐구가 갖는 그 지위이다.

 니체에게 이 두 사면은 형이상학적 사유를 형성하는 두 행동, 즉 시간의 순서를 뒤집는 것과 삶을 단순화시키는 것에 대응하는 것이라 할 것이다. 그것들은 세계에 대한 우리의 도식화의 이면에 위치하면서 인간 이성을 앞서고, 이 이성의 한계를 뛰어넘는 삶의 복잡성을 뒷방으로부터 끌어내는 것이다. 그것들은 이 도식화를 탐구하여 보다 유연하고, 이 복잡성과 보다 관계가 있으며, 따라서 삶과 관련하여 보다 정확한 개념적 전략들을 만들어 낸다. 그러므로 니체를 비합리주의, 나아가 허무주의로 비판하는 것은 계보적 방법, 이 방법의 전략 그리고 목적을 깊이 있게 이해하지 못하는 것을 드러내는 것이다. 인간 이성의 형성 이면에 위치하면서, 계보학은 이성을 설명하려고 하기 때문에 심지어 이성보다 더 '합리적'이고자 한다. 그리하여 그것은 이성과 짝을 이루는 모든 도덕보다 더 윤리적이고자 한다. 그것은 도덕이 어떻게 그처럼 형성되는지 스스로는 설명할 수 없는 역사 속에 도덕을 다시 편입시킴으로써, 이와 같은 맹인상태를 뛰어넘는 행동의 가능성을 열어 준다. 계보학에서 이성의 비합리적인 파괴를 보는 것, 그것은──계보학을 따라다니는 애매성에도 불구하고──행동의 근본적 성격을 전혀 이해하지 못하는 것이다. 우리가 이미 여러 번 보았듯이, 니체에게 형이상학의 이면으로부터 드러나는 것은 힘들의 세계이다. 번전 생성과 삶의 복잡성을 회복시키는 것이 목표로 하는 것은, 개념들의 토대가 되는 힘들로 이 개념들을 인도하는 것이다. 모든 사상은 이 힘들의 결과라는 것이다. 그러므로 힘들의 게임에 접근해서 그것을 분명하게 드러냄으로써만이, 우리는 니체의 계보학이 지닌 '극도로' 이성적이고 '극도로' 도덕적인 차원을 이해할 수 있는 기회를 갖게 되는 것이다.

우선 '역사적' 사면을 보자.《도덕의 계보학》도입부에서, 니체는 '선'과 '악'의 개념들을 해체한다. 의도와 행동이 선한 사람은 자기 자신보다 남을 생각하고, 반대로 성격이 나쁜 사람은 다른 사람들과의 관계에서 자신의 이익만을 생각한다고 사람들은 상투적으로 지적한다. 게다가 선악의 개념들이 사회적·문화적 조직의 모든 도덕적 분석에 토대를 이룬다. 니체가 제안하는 선의 개념에 대한 역사적 분석이 반대로 드러내는 것은, 이 개념의 기원이 도덕성의 선사시대로 거슬러 올라가는 힘들의 상황에 자리잡고 있다는 것이다. 이 도덕성의 붕괴 자체가 권력의 장악이었으며, 권력의 장악은 이어서 평화의 회복 자체로 자처했다. 도덕의 기원은 비도덕적이다. 분석은 우선 문헌학적 표현으로 이루어진다.

그리하여《도덕의 계보학》의 첫 시론에서, 니체는 '좋다(bon)'라는 용어를 '품위(distinction)'라는 용어로부터 파생시킨다. 품위 있는 영혼은 사회적 의미에서 고상한 영혼이다. '좋다'는 개념은, 다양한 언어에서 어원적으로 '고상하다'(§4)는 것을 의미한다. 라틴어 'bonus'의 옛 형태의 어근은 'duellum'이라는 말 속에 간직된 'duonus'이고, 'duellum'의 최후 형태는 'bellum(전쟁)'이다. 이러한 사실이 니체로 하여금 '좋은 사람'과 '전사'를 어원적 뿌리를 통해서 접근시키게 만든다.(§5) 동일한 변모가 '나쁘다(mauvais)'라는 용어에도 적용된다. 이 용어는 유사한 파생 끝에 결국 '저속하다'와 '하층민의'를 지칭하게 된다. ('schlecht(나쁘다)'는 '단순하다'를 의미하는 'schlicht'와 같다.) 니체가 이러한 문헌학적 계보를 통해 확립하고자 하는 것은, '좋다'와 '나쁘다' 사이에 존재하는 대립의 기원이 열등한 것과 반대되는 '우월성'과 '거리'의 감정이라는 것이다. 니체의 방법은 물론 중요하고도 본질적이기조차 한 한계를 지니고 있다. 그러나 지금 우리가 강조하고자 하는 것은 이런 것이다. 방법론적 행동으로서 계보적 파생은 윤리적 주체의 근대적 개념에 대한 추상적 기본 지식과는 반대되는, 힘들 및 전략들의 역사를 나타나게 한다는 것이다. 사실 이 기본 지식은 이러한 역사의 망각 속에서만 기능할 수 있는 것이다. 이로부터 두 가지 점이 도출된다.

첫번째로, 니체가 보기에 우리의 개념들이 빠져 나오기를 원할 정도까지 시간 속에 고정되어 있다면, 도덕의 형성이 지닌 폭력은 감추어져 있다. 이러한 엄폐가 우리로 하여금 인간화의 역사적 성격에 대해 잘못 생각하도록 만든다.[17] 두번째로, 도덕의 이와 같은 계보는 우리 행위에 대한 해석의 틀 역할을 하는 개념들을 정서적으로 난폭한 인간적 현실들로 복귀시키게 되고, 이 현실들 속에 이 개념들은 해체된다. 우리는 다음장에서 이 현실들의 역사를 그려낼 것이다. 여기서는 이기주의와 이타주의라는 두 개념의 예를 들어 보자. (특히 《즐거운 지식》 §21, 338 참조.) 니체가 얼고 있는 '소란

스런' 관점에서 볼 때, 이타주의는 이것의 기원이 되는 어떤 허약함의 징후라는 것이다. 그리고 이기주의는 힘의 표현이다. 그러므로 남에게 증여한다는 것은 모든 상호적 교환을 넘어서는, 타자에 대한 무상한 행위라기보다는 내적 공허의 자신에 대한 대답으로서 자신을 위한 탈출구이다. 이타주의자는 타자에 대한 온정에서, 의식하지 않고 자신으로부터 벗어나는 방법을 찾으면서 자기 자신의 어둠 앞에서 달아난다. 이타주의자는 감추어진 이기주의자일 뿐이다. 그리고 이와는 반대로 이기주의자가 되면서——타자를 타자로서 생각할 수 있기 위해서는 자기 자신에 대해 충분히 생각한다는 의미에서——사람들은 다른 사람들에게 증여하는 기회를 갖게 된다. 니체가 보기에 바로 이로부터 연민의 끔찍한 역설이 나온다. 고통받는 사람들에 대한 연민의 정서, 그들이 고통받고 있다는 이유로 그들을 신속하게 돕고 싶은 욕망은 잔인함으로 뒤집어질 수 있는 위험이 언제나 도사리고 있다. 이 잔인함은 직면한 불행이 옳다고 인정하려는 의지로부터 오는 것이다. 그러나 타자의 불행은 십중팔구 너무 깊고 너무 복잡하기 때문에 신속하게 포착될 수 없을 것이다. 따라서 연민의 충동은 타자 자신을 위해 타자를 구하려는 단순한 욕망보다는 타자를 구한다는 욕망에 가려진, 안락하고 싶은 연민자의 욕망을 더 증언한다. 논리는 잔인하다. 인간 속에 존재하는 이러한 잔인성, 이러한 심연을 감추는 데 소용되는 것이 바로 우리의 개념들이고 표상들——존재론적·인식론적 그리고 윤리적인——이다. 그러므로 니체의 입장에서 볼 때 이 심연을 열어서 분명하게 표명할 때만이, 단지 사람들은 진정으로 증여하는 기회를 갖게 되는 것이다.

이제 과학적인 사면을 보자. '선'의 개념이 지닌 역사적 계보는, 이 개념과 개념을 동반하는 개념들——예를 들어 이타주의——을 특성상 모든 개념적 포착으로부터 벗어나는 힘들의 영역으로 복귀시켰다. 그러나 니체에게 이 힘들의 영역은 과학하는 인간의 시선에 제시된다. 이와 같은 복잡성의 묘사에 가장 잘 접근할 수 있는 두 과학(앞서 기술한 일반적 의미에서)은 '생리학'과 '심리학'이다. 니체는 여러 번에 걸쳐 다른 모든 지식에 대한 이 두 과학의 '지상권'을 이야기하고 있다. 우리는 의식에 대한 그의 역사적 분석을 따라가면서 이와 같은 판단의 이유를 신속하게 이해할 수 있다. 이 분석은 우리가 코르나로의 예를 그의 표현을 통해서 다시 다루게 해준다.

니체는 말한다. 우리가 시간의 흐름을 아주 멀리 거슬러 올라가게 되면 모든 개념이 감각으로 환원되고, 살아 있는 유기체의 반사작용으로 환원된다. 수천 년 동안 반복을 함으로써 이 감각들은 우선 알아볼 수 있고, 다음으로 기억할 수 있는 전체들이 된다. 이로부터 경우에 따라서 개념들(기억의 언어적인 저장물)이 비롯된다. 인간 생활의 형이상학적 단계의 초기에 이러한 개념들의 일부는 세계로부터 오는 감각들을 미리 느끼는 개념들로 자처하고, 이러한 예감 자체를 통해서 이 감각들을 앞지를 뿐 아니라 그것들을 구성한다는 환상을 갖게 된다. 바로 이와 같은 '초월적(선험적)' 개념들의 역사적 기원에서부터 우리는 시작했다. 니체가 이 역사를 어떻게 이야기하는지 보자.

    의식——의식의 세계는 유기적 조직체가 마지막으로 늦

게 진화한 것이고, 따라서 또한 이 조직체 안에 있는 보다 덜 완성되고 덜 강한 것이다. (……) 본능들의 보존적 관계가 무한히 강하지 않고, 전체에서 조정자의 역할을 하지 않는다면, 인류는 자신의 부조리한 판단에 의해, 눈 뜨고 하는 몽상에 의해, 한 마디로 자신의 의식에 의해 파멸할 것이다! (……) 사람들은 이 의식이 인간 존재의 핵이고, 지속적이고 영원하며 가장 중요한 것이라고 상상한다. 사람들은 이것을 주어진 안정적 양으로 간주한다. 사람들은 그것의 성장, 그것의 단속(斷續)을 부인한다. 그것은 '유기체의 통일성'으로 간주된다! (……) 아주 새롭고, 인간의 눈으로 겨우 볼 수 있고, 겨우 분명히 확인할 수 있는 과업이 남아 있다. 그것은 지식을 합체하여, 이 지식을 본능적으로 만드는 과업이다.[18]

이 대목은 니체의 철학을 가장 잘 드러내 주는 대목들 가운데 하나이다. 우리는 이 대목이 지닌 전적인 중요성을 그것에 부여해야 한다. 니체가 기술하는 역사는 초월적인 것(선험적인 것)과 경험적인 것 사이의 모든 대립을 뛰어넘는다. 그것은 '경험적인' 개념(우리가 앞에서 경험의 사실과 연결한 것과 같은 그런 개념)의 핵을 구성하는 모든 경험에 대한 기본 지식을 넘어선다. 그렇지만 그것은 초월적이라기보다는 더 경험적이다. 왜냐하면 그것은 초월적 주체와 이 주체를 동반하는 개념들의 '계보'를 창출하기 위해, 의식에 대한 기술(記述) 자체에서 초월적인 것 이면에 위치하기 때문이다. 이러한 의미에서, 그리고 앞에서 인용한 '극도로'라는 용어를 상기하자면, 우리는 이 대목을 구조화시키는 방법론

이 '극도로 경험적'이라고 말할 수 있으리라.

 인용문이 분명히 밝히는 것은 의식이 변전 생성으로부터 비롯된다는 점과, 또한 진화의 결과이지만 최초의 원인이 없는 결과이고, 사건들의 축적으로부터 떠오른 결과이며, 이 축적은 원칙적으로 우연적이고 어떠한 의지도 없다는 점이다. 그리하여 이 대목은 시간의 방향을 뒤집고, 삶을 상관적으로 단순화시키는 것에 직접적으로 반대한다. 그런데 의식의 이러한 역사는 반복의 역사이다. 그것은 사실상 기술(技術)의 역사이다. 인간의 삶은 기술적 대상들을 통해 환경을 지배함으로써 매 반복 때마다 '두꺼워지면서' 반복된다. 이 대상들 자체가 반복과정의 결과라 할지라도, 매 반복과 더불어 인간은 자신의 세계와 점점 더 융통성 있고 열려진 관계를 갖는다. 이와 같은 성장적 개방이 그의 '인간화'를 구성하는 것이다.[19] 니체의 계보학은 물론 인간과 기술과의 관계를 인정하고, 이로부터 전반적으로 철학을 위한 결과(계보학의 존재론적·인식론적, 그리고 윤리적 중요성)를 끌어낸 최초의 두 근대 철학 가운데(마르크스의 철학과 더불어) 하나이다. 인용문의 마지막에 언급된 과업은 이를 잘 보여 주고 있다. 우리는 마지막장에서 이 점을 다시 다룰 것이다. 그리고 이 패러그래프가 또한 잘 보여 주고 있듯이, 니체 자신이 의식의 '이면에' 있는 것에 대한 '충동적이고' '정서적인' 분석을 자주 선택하고 있다. 그렇기 때문에 삶의 복잡성을 계보적으로 이해하는 데 있어서 지배적인 두 학문이 생리학과 심리학인 것이다. 나아가 그렇기 때문에, 다음장이 이를 보여 줄 터이지만, 그가 역사적 힘들로 분해시킨 개념들은 종종 역사와 기술을 제외하고, 배타석으로 육체직이고 (또는)

심적인 성격의 선동과 정서들로 귀착된다. 이러한 결정은 후에 그의 철학의 일부에 중대한 결과를 초래하게 된다. 그러나 지금은 우리가 전개하는 논지의 흐름을 다시 잡아 보자.

우리가 위에서 인용한 패러그래프의 '극도로 경험적인' 논리를 따라간다면, 의식은 인간 발전의 목적으로서 주어질 수 없다는 것이 분명하다. 이 점에서 그것은 유기체의 다른 모든 부분(눈·손·뼈대 등)과 동일한 차원(존재론적)에 있다. 비록 개진된 논리가 인간적으로 자기 도취하기에는 여전히 너무 단순하다 할지라도, 마찬가지로 분명한 것은 일련의 힘들(기술적·해부학적·생리학적·에너지적)이 신체기관으로 하여금 의식으로 '열려지도록' 이 기관의 기능 작용을 준비하자마자, 의식이 무한히 보다 복잡한 방식으로 태어났다는 것이다. 의식의 최초 원인, 그것의 궁극적 '유용성', 그것의 실제적 사용, 그것의 자동-기술(記述), 그리고 그것이 드러내는 미래의 야망은 서로 혼동되어서는 안 된다. 다시 말하지만, 하나의 사물이 진화하는 것은 하나의 목표를 향한 진보가 아니라, 힘들과 이 힘들의 차이 및 배치가 한결같이 계속된 현상의 결과이다. 형이상학의 특성이 이러한 '계속적 현상'을 점진적인 진화로 전복시키기를 원하는 것이고, 이를 위해 '의도'·'의지'·'주체' 그리고 '인과관계'라는 개념들을 사용하는 것이라면, 의식의 문제는 니체의 주장이 지닌 엄청난 중요성을 우리에게 이제 방금 가르쳐 준 것이다. 이제 우리는 '과학적' 분석이 무엇에 도달하는가를 보여 주기 위해 코르나로의 아주 평범한 예로 다시 돌아갈 수 있다.

니체의 관점에서 본 코르나로의 세계

코르나로는 예의 간소한 식이요법이 자신에게 좋은 건강을 주고 있다고 믿는다. 사실은 그의 좋은 체질이 간소한 식사를 필요로 하는데 말이다. 코르나로는 이와 반대로 생각함으로써, 그 의식이 작용하는 규모를 훨씬 초월하는 과정을 자신에게 부여하면서 훌륭한 형이상학자로서 행동하고 있다. 진행중인 사건들 전체는 코르나로라는 유기체의 총체를 포용하고 있다. 그의 의식은 이 전체에 속한다. 그러나 그것은 어떠한 특권도 누리지 못한다. 이 총체는 역사적 총체(역사적 결과)이며, 동시에 개인적 총체(대부분 인간의 눈으로는 보이지 않게 살아 있는 복합체)이다. 그런데 이와 같은 이중적 복잡성 앞에서 니체는 생리학적 분석으로 기울어졌다. 우리는 그의 다음과 같은 말을 기억한다. "이 이탈리아인은 자신의 식이요법에서 장수의 비결을 보았다. 그런데 사실은 오래 살기 위한 첫번째 조건으로서 신진대사가 극도로 느린 것과, 근소한 소비가 그의 간소한 식이요법의 원인이었다." 그러므로 이 분석은 사유를 육체로 귀결시키지만, 이 육체를 조정의 역사로 간주하는 것이다.

3. 계보학과 에너지론

니체에게 있어서, 이 역사는 힘들에 관한 에너지론으로 열러진다. 다시 말해 힘들을 기계적 외미에서 힘이란 표현이 아니라, 에너지란 표현으로 고찰하는 힘들의 분석으로 열려진다. 바로 이 에너지론으로 의식과 관련된 모든 개념들은 복귀된다. 그리고 이 에너지론을 통해서 니체는 힘들의 게임을 추적한다. 이 게임은 힘들이 당하는 전복과 우리의 사유가 거처하는 뒷방에 흔적을 남긴다. (앞에서 제시한 '선함'과 '연민'에 대한 예 참조.) 그러므로 이 에너지론은 역사적이고 과학적인 계보학의 결과이다. 《여명》에 나타난 에너지론의 표현 가운데 하나를 보자.

우리가 한 본능이 가하는 폭력을 (우리의 지성으로) 불평한다고 믿는데, 결국은 하나의 본능이 다른 하나의 본능을 불평하는 것이다. 이것이 의미하는 것은, 그와 같은 폭력이 우리에게 야기시키는 고통의 지각은 마찬가지로 폭력적이거나 더욱 폭력적인 다른 본능을 전제한다는 것이며, 우리의 지성이 참여하지 않을 수 없는 곳에서 싸움이 준비되고 있다는 것이다.[20]

그러므로 지성과 감각기관의 모든 대립을 넘어서, 니체의 계보학은 우리를 영속적으로 운동하고 있는 차별적 힘들의 역동적 체계로 이끌어 간다. 이 힘들의 균형은 불안하고 역사적인 것으로, 우리로 하여금 일어난 일에 대한 평가를 하게 해준다. 이 평가 자체는 언젠가 다른 날, 다시 해석되어져야 하는 것이다. 그래서 전망은 한없이 계속되는 것이다! 시간, 그것은 언제나 새로운 것이 있으리라는 것이다.

본장에서 우리는 니체가 형이상학에 접근하는 방식과 형이상학을 '파괴하는' 표현들을 기술하였다. 제Ⅱ장에서 우리는 이 계보학이 에너지론의 자격으로서, 어떻게 형이상학에 대한 니체의 대답을 형성하고 있는지 보다 분명하게 보여 줄 것이다. 그렇게 하여 우리는 미래에 대한 니체의 예견이 형이상학의 파괴로부터 비롯된다는 사실을 확인하게 될 것이다. 그러나 이미 여러 번 제기된 니체 철학의 애매성이 제기하는 문제를 다루며 본장의 결론을 내리자.

4. 니체의 문제

조금 지나치게 도식화하면, 힘들에 대한 니체의 분석에는 세 개의 층위 같은 것이 존재한다고 말할 수 있다. 그 하나는——이것이 가장 빈번하게 나타난다——형이상학적 사유의 계보가 힘들을 충동·정서·본능으로 분석하는 것으로 귀결된다는 것이다. 이 분석의 강점은 앞으로도 보겠지만, 니체가 성격적으로 차이가 없는 충동들의 운명을 추적하는 방법이다. 이 충동들을 차별화시키는 것은 그것들의 방향, 그것들의 양, 그리고 각각의 힘이 게임하는 다른 힘들의 환경이다. 그렇기 때문에 '본능'이란 용어(위의 인용문에 나타난 것처럼 충동(Trieb)이 아니라 본능(Instinct))는, 이 용어가 기술하는 대상의 차원에 전혀 이르지 못한다. 왜냐하면 그것은 에너지 및 방향의 고정성을 암시하기 때문이다. 이 고정성은 형이상학의 창설적 개념들의 이면에서 니체의 관심을 끄는 삶의 복잡성에 본질적으로 낯선 것이다.

우리는 여기서 '힘'으로 표현된, 형이상학의 파괴가 겪는 위험을 즉시 보게 된다. 이 위험은 계보적 파괴가 드러내는

'역방향의 운동'을 순수한 힘으로써 삶에 대한 퇴행적 철학으로 뒤집으면서, 파괴의 분석을 힘의(힘들이 아니라) 철학으로 고정시키는 것이다. 독자는 약자와 강자의 분석과 관련한 앞의 인용문에서 이와 같은 위험을 틀림없이 느꼈을 것이다. 우리는 이 분석을 다분히 차별적인 힘들의 베일을 벗기는 방향으로 이끌었는데, 이 힘들의 근대적 균형이 '권리'라는 이름으로 표현된다. 그러나 분명한 것은 동일한 패러그래프가 폭력의 옹호를 초래할 수 있다는 것이다. 우리는 다음장에서 이 점을 다시 다룰 것이다. 힘들을 본능들로 이처럼 고정시키는 것은 니체에게서 최악(폭력의 철학)으로 나간다. 그러나 본장에서 우리는 니체를 통째로 비판하기보다는 이 최악을 비판함으로써, 최악의 위험이 이른바 힘들에 대한 보다 계보적인 분석을 요구하고 있음을 보여 주고자 했다.

여기서 우리는 니체의 작품이 이루는 자료체의 다른 곳에서, 즉 내가 그의 에너지적 분석의 '세번째 층위'라고 부르는 것 속에서, 이와 같은 분석의 토대를 찾아낼 수 있다. 이 층위는 계보의 두 사면──역사적 사면과 과학적 사면──을 다시 함께 놓고 고려한다. 두 사면은 첫 분석에서는 서로 분리될 위험을 안고 있었고, 두번째 분석에서는 서로가 근본적으로 멀어졌던 것이다. 이 세번째 층위의 분석은 개념들을 힘들로 환원시키면서, 이 힘들을 역동적이고 동시에 역사적인 차이라는 표현으로 접근한다. 니체가 의식에 관해 드러내는 역사를 고찰하면서 우리가 보았던 바와 같이, 모든 힘은 하나의 역사를 지니고 있다. 왜냐하면 그것은 여전히 '생리학적' 또는 '심리학적' 분석의 대상이 되는 힘들의 영역에 위치하는 하나의 힘이기 때문이다. 힘의 이와 같은 역사성

(그것의 기술성)은, 형이상학을 차이들로 이루어진 전반적 영역 속에 분해시키는 모든 수단을 니체의 에너지론에 제공한다. 이 영역은 기술해야(과학의 대상으로서) 할 복잡성이고, 동시에 추적해야(역사의 대상으로서) 할 시간적 복잡성이다. 바로 이 영역이 니체가 형이상학의 미래에 대해 부여하는 의미를 우리에게 제시한다.

II

에너지론과 계보학

니체가 형이상학적 사유의 이면에 있는 복잡성을 가장 분명하게 드러내는 것은 《도덕의 계보학》이다. 이 텍스트에서 우리는 계보적 방법이 분명하게 힘들에 대한 에너지적 분석에 이르는 것을 본다. 이 분석이 진행되는 동안에 윤리적인 큰 입장들이 재평가된다. 우리는 이 분석을 세밀하게 추적할 것이다. 그렇게 하는 가운데 우리가 알게 되는 것은 이 분석이 때때로 이미 드러난 오류에 다시 떨어진다는 것이고, 재평가가 애매성이 없지 않다는 것이다. 하지만 에너지적 분석 자체가 엄격함——니체가 이 엄격함을 항상 유지한 것으로는 보이지 않는다——이 동반되어 이 애매성을 극복하게 해 줄 수 있고, 니체가 전통적 가치들을 파괴한 후 이 가치들을 재주조하는 작업을 보다 심층적으로 이해하는 길을 열어 줄 수 있다는 것이다. 이러한 재주조는 본장의 2절과 다음 두 장의 주제가 될 것이다.

1 개념적 가치로부터 힘들의 게임과 배치로

《도덕의 계보학》이 목표로 하는 과업은, 우리가 생각하는 가치들의 조건과 이 가치들이 지닌 기능의 조건으로 거슬러 올라가는 것이다. 따라서 이 가치들이 지닌 가치가 문제시되며, '위력'(내재적 힘이 아니라 밖으로 표출되는 힘을 의미하며, 앞으로는 이런 의미로 사용할 터이다——역주)으로서 삶에 대한 분석으로 대치된다. 그리하여 우리의 행동에 대한 모든 윤리적 기준——플라톤의 선, 루소와 칸트의 자유, 벤담과 밀 같은 19세기 '공리주의자들'의 유용성——은 힘들의 영역 속에 해체되는데, 이 힘들의 속성은 생명에 달려 있다. 이러한 해체가 《도덕의 계보학》에서 어떻게 이루어지고 있는지 고찰하고, 도덕적 가치들에 대한 에너지적 분석이 베일을 벗기는 힘들의 관계로부터 어떤 것이 도출되는지 고찰해 보자.

여기서 상기할 것은(제 I 장 참조) 니체에게 '좋다'는 것은 사회적 의미에서 '고상하다'는 것으로 거슬러 올라간다는 점과, '고약하다'는 것은 '열등'의 표시에 불과하다는 점이다. 또한 우리가 상기해야 할 것은, 이와 같은 가치 판단이 쇠퇴하는 순간에 '선'과 '악'의 대립(그리고 이 대립을 동반하는 대립들)이 인간의 문화를 점점 더 독점한다는 점이다. 삶을 '좋다'와 '나쁘다'라는 표현으로 평가하는 것과 '선'과 '악'의 표현으로 평가하는 것 사이의 차이는, 전자의 평가가 후자의 평가로 흡수되는 것과 더불어 이 작품에서는 '선과 악'·'좋다와 나쁘다'라는 첫번째 시론의 주제를 이룬다. 앞에서 열려진 관점으로 볼 때 우리의 관심을 끄는 것은 '전도(顚倒)'라는 표현이고, 이 전도가 어떻게 니체에게 도덕적 미래를 생각하기 위한 새로운 에너지적 '지평'을 열어 주고, 그의 작품에 대한 많은 비판적 수용을 항상 뒷받침하는 애매성을 야기시키고 있는가이다.

1. 대립선과 힘

니체에게 전도(독일어로는 umkehrung)는 역사적이고 문화적인 두 순간에 이루어진다. 첫번째는, 그가 고대의 귀족계급이 '전사귀족'과 '성직귀족'으로 분열되는 현상이라 일컫는 일이 일어날 때 이루어진다. 두번째는, 보다 중대한 결과를 초래하는 것으로 유대교의 도래와, 유대교가 그리스도교의 형태로 로마 문화와 후에 싸움을 벌임으로써 이루어진다.[21] 이 두 순간에 약자가 강자를 이기고, 형이상학——우리가 제Ⅰ장에서 정의한 바대로의 형이상학——이 문화적인 비약을 한다. 이 비약의 마지막 변모는 근대의 허무주의이다. 먼저 우리는 어떻게 성직귀족이 세계에 대한 두 평가 사이의 싸움을 힘의 표현으로 준비하는지 고찰할 것이다. 그 다음에 우리는 어떻게 이 싸움 자체가 니체의 계보학에 의해 에너지적 차원에서 분석되는지 보게 될 것이다.

전도에서 결정적 대립은 '순수한 것'과 '불순한 것' 사이의 대립이다. 이 대립은 모든 종교가 궁극적으로 주장하게 되는 것과 달리, 하늘로부터 오는 것이 아니다. 그것은 '성직자'의 역사적 형성에 속한 사항이다. 달리 말하면, '순수·불순'이란 개념적 대립 속에 고정된 가치는 '성직자'라 불리는 인간 '유형'의 역사적 형성의 결과이다. 니체에 따르면, 이 형성은 인간 유기체의 내부와 외부의 관계로 파악되어야 한다.

자연스럽게 자신을 '발산하는' 전사귀족(우리는 이 점을 다시 다룰 것이다)과는 반대로, 성직귀족은 행동으로부터 벗어나 있다. 감각에 적대적인 그는 내부로 방향지어진 존재의 삶을 영위한다. 이러한 방향 자체로 인해 그의 내부는 두터워진다. 행동에 힘들을 덜 발산하면 할수록(전사들과는 달리), 성직자의 에너지는 더욱더 인간 기관의 내부에 축적된다. 그리고 이 에너지가 축적되면 될수록, 더욱더 그것은 하나의 '성격'을 형성하는 심적 층위들을 발전시키는 길을 열면서 그의 '내면성'을 깊이 판다. 외부 세계에 출구가 없기 때문에 성직자는 깊이를 획득한다. 그러므로 니체에 따르면, 심적 깊이(이것이 종교적으로 매우 복잡한 성격을 띤 '영혼'이 되는 것이다)는 에너지의 방향 변화에 달려 있는 것이다. 전사귀족에게서 외부로 흐르는 에너지는 성직귀족에게서는 내부로 역류한다. 심적 형성은 '내면화'의 역사이다. 나아가 이 깊이가 행동을 희생시켜 이루어진다는 사실로 인해, 그것은 발산의 결핍으로 정의되는 힘들에 의해 깊어진다. 이 힘들은 내부를 형성하면서 이와 같은 결핍의 흔적을 지닌다. 이 결핍의 흔적은 그것들에게 독특한 배치를 가져다 준다. 그것들은 봉쇄되어 인간 기관의 내부에서 '증오를 품은' 정서들이 된다. 성직자는 깊어지면서 동시에 심술 사납게 되며, '복수'의 감정들로 가득 차게 된다.

우리는 성직자 '유형'의 역사적 형성에 대한 이와 같은 다분히 빈축적인 묘사를 통해서, 어떤 의미에서 이 형성이 에너지적 형성인지를 알게 된다. 외부와 내부 사이의 관계 양태라는 관점에서, 습관적으로 외부에 발산되었던 인간 기관의 모든 에너지는 방향이 바뀌어져 내부와 외부 사이에 점점 더 강도 높은 간격을 판다. 그런데 이 간격이 '순수한 것'과 '불순한 것' 사이에 그어지는 대립선이 된다. 바로 이 대립선에 의거하여, 그리고 이 대립선에 따라 성직자는 '순수'의 이름으로 세상을 헐뜯고, 세상에서 전개되는 에너지들을 헐뜯는다. 따라서 성직자(그리고 후에 철학자)가 주장하는 것과는 달리, 이 대립선은 힘의 교대가 결코 아니라 그야말로 힘들의 에너지적 차이에 불과한 것이다. 왜냐하면 그것은 에너지가 외부로 유출되는 것을 봉쇄하고 있는 흔적에 불과하기 때문이다. 달리 말하면, 힘으로부터의 해방이라는 이름으로 대립선이 방어되는 수단들 자체가 힘들인 것이다.

성직귀족 계급의 이와 같은 에너지 분석의 결과로 나타나는 것은 두 가지이다. 이론적인 차원에서 우리가 순수한 것과 불순한 것 사이의 대립선이라는 이러한 전략에서 알 수 있는 것은, 약자가 가장 강한 자를 이기게 해주는 모든 전략이다. 성직자의 역사는 무력함의 역사이다. 이 무력함을 나타내는 위력 자체가 행동인에 대한 증오를 '열등한 새로운 가치들'로 분명하게 드러내는 것이다. 다시 말해, 그것 자체가 내부와 외부 사이에 재조직된 관계라는 관점에서 행동인에 대한 증오를 분명히 나타내는 것이다. 이 새로운 가치들은 우리가 제I장에서 이야기한 주체와 술어 사이의 분리에 종속되어 있다. 그러므로 메타 이론적인 차원에서 우리가 알 수 있는 것은 두 세계의 구분을 지탱해 주는 가치들로서, '순수성'과 '불순성'의 가치들이 전사귀족과 성직귀족 사이에 나타난 힘들의 전략에 따른 부대 현상임에 틀림없다는 것이다. 그러므로 순수와 불순의 가치들은 대립되는 가치들(좋다=고귀하다=강하다)을 형상화하는 동일한 힘의 질, 또는 에너지의 질로 환원된다. 한쪽에 세계를 긍정하는 사람들과 다른 한쪽에 부정적 이상의 이름으로 세계를 거부하는 사람들, 이들 모두에게 나타나는 것은 활동적으로 작용하는 동일한 힘이다. 두 평가의 가치는 같은 것으로 그것은 '위력'이다. 두 평가 사이의 차이는 이 위력의 배치——그것의 방향이고, 이 위력이 작용하는 물질이다. 다시 말해, 그 차이는 인간 유기체의 내부와 외부 사이의 에너지적 관계가 나타나는 양상이다. 그렇기 때문에 약자는 언제나 강자보다 더 '강하게' 될 수 있는 것이다.

2. 형이상학인가 에너지론인가

그러므로 니체로서는, 두 평가가 힘에 있어서 유사하다는 것을 드러냄으로써만이 하나가 다른 하나로 전도되는 현상이 설명될 수 있다. 에너지의 차원에서 이와 같은 유사성이 없다면, 하나에서 다른 하나로의 이동은 이해할 수 없게 될 것이다. 다만 에너지 분석만이 이 이동을 포착할 수 있다. 왜냐하면 그렇지 않다면 어떻게 하나의 평가에서 다른 하나의 평가로 이동할 수 있겠는가? 사실 이 이동의 이해할 수 없는 성격은 후에 모든 성직자가 간직하는 힘의 전략에 속하고, 형이상학적 사유가 형이상학적 사유로서 간직하는 힘의 전략에 속하게 된다. '불순한' 것과 '순수한' 것 사이에, '힘'이라는 것과 '도덕'이라는 것 사이에 '본질'의 차이, '특성'의 차이가 있게 되는 것이다. 이와 같은 이동(도덕의 기원)은 생각할 수도 이해할 수도 없게 되고, 게다가 신이 준 천품이 된다. 달리 말해서, 니체에 따르면 전형적 '성직자'가 그 자신과 적 사이에 경계를 간직하고, 이 경계를 넘을 수 없다고 선언하는 것은 그 자신을 위한 것이다. 이와 같은 힘의 전략 속에서 가치들 사이의 심연은 고유한 방어를 형성한다. 반대로 이 심연의 계보는 전략적 힘을 드러낸다. 니체와 그의 에너지론에 의하면, 이 심연은 삶을 두 세계로 분할하는 형이상학적 분할이 원하는 것과는 달리 세계에도 없고, 이 세계와 다른 세계 사이에도 없다. 우리가 여러 번에 걸쳐 기회 있을 때마다 언급한 바와 같이, '심연'이라는 개념은 니체에게 허무주의적인 개념이다. 이와는 반대로 모든 것은 힘이며, 힘들의 차이인 것이다.

또한 우리가 방금 본 것은, 에너지의 계보에서 이 힘들이 에너지와 에너지의 조직으로 분석된다는 것이다. 하나의 평가에서 다른 하나의 평가로 넘어감에 따라('좋다·나쁘다'에서 '선·악'으로) 변하는 것은 단순히 힘들의 차등화 메커니즘으로 귀결되는 것이 아니라, 그것은 또한 이 차등화 메커니즘과 더불어, 그리고 이 메커니즘의 바탕에 의거해서 형태를 취하는 조직으로 귀결된다. 힘들의 배치는 우리가 개념들을 힘들로 환원시키자마자 문제가 된다. 차등화 메커니즘은 하나의 유형학을 가동시킨다. 그러므로 전사에 대항하는 성직자의 싸움이, 내세를 현세에 대립시키는 모든 사유를 앞서고 뛰어넘는 힘들의 차이가 벌이는 게임 속에 위치한다면, 도덕의 계보가 이 게임 속에서 사유를 해체시키는 과정을 통해 도달하는 것은 힘의 유형들에 대한 분석이다. 이 유형학은——불안정하고 비본질주의적인 초기에서부터——강자에 대한 평가가 전도되는 두번째 순간과 더불어 가장 중요하게 된다.

이 평가는 인류 역사에서 최초의 성직자 집단인 유대 민족과 더불어 역사 속에 구체화된다. 니체가 보기에 이는 성직자가 그어 놓은 대립선이 집단적으로 힘들을 조직화할 수 있는, 진정한 가치 '체계'가 되는 최초의 역사적 순간인 것이다. 이를 위해 유대인은, 귀족과 성직자와는 다르게 형이상학적 사유를 통해서 인류 역사를 지배하게 되는 제3의 인간 '유형'을 창조한다. 이 유형은 '한을 품은 인간'이다. 이 유형은 '노예의 도덕' 또는 '군서적 본능'을 나타낸다. 이 도덕은 그리스도교로부터 종교 개혁과 프랑스 혁명을 거쳐 근대 민주주의로 가는 에너지의 경향이다. 윤리-정치적이고 문화적인 그 모든 형태들은 성직자 이후로 행동인의 새로운 '대립자'를 형성하는, 이러한 힘의 유형이 가하는 타격 아래 무너진다. 힘들의 조직으로서 이 두 유형은 파괴하고 창조하는 그들의 방식에 의해 차별화된다. 이 둘을 함께 분석해 보자.

전사귀족과 한을 품은 인간의 유형

우리는 조금 전에 강자=좋다라는 등식을 나타내는, 폭력의 예술가는 발산하는 자이고 즉시 행동으로 옮기는 자라고 말하였다. 이제 우리가 분명히 할 것은, 이 발신이 강자의 세로운 대립자가 보는 관점에서 니체에게 무엇을 함축하느냐 이다. 외부로 향해진 전사는 그의 자신 밖에 위치하는 것에 대해, 그와는 다른 것에 대해 '예'라고 긍정적으로 말한다. 이 '긍정'은 파괴적이고 창조적인 그의 행위이다. 그리고 그의 평가 관점은 이 긍정에 달려 있다. 자연스럽게 작용하고 증가하는 강자의 파괴 능력과 행위는, 외부를 변모시키고 재주조하기 위해 외부로 향해 흐르는 넘치는 에너지의 표시들이다. 창조는 파괴에 내재하고, 그 반대도 마찬가지이다. 파괴적이고 창조적인 이 '긍정'이 함축하는 것은, 무엇보다도 세계에 대한 평가——강자=좋다, 약자=나쁘다——가 이 긍정이 기준삼아 방향을 잡는 하나의 '체계'가 아니라는 것이다. 긍정은 실천적이든 이론적이든 모든 체계화의 앞에 위치한다. 따라서 전사귀족은 자기 자신에게 '예'라고 말하기 위해서만 자신의 반대를 찾는다. 이 '긍정'은 그 자신 이외로부터 오는 것이 아니기 때문에, 그것은 자신을 뚜렷이 드러내고 내부와 외부의 접촉 속에서 형태를 취한다. 열등한 자=나쁘다는 좋다=귀족과 대립상태에 있는 것이 아닐 뿐 아니라, 그 '반대' 또한 아니다. 자기 자신에 대해 전적으로 신뢰하고 솔직한 귀족은 열등한 자를 경멸한다. 다만 그는 자신이 멸시하는 영역을 사후에 고려한다. 귀족이 경멸 자체로 열등한 자를 비뚤어지게 한다면, 이것은 전략적 타당성이나 기타 어떠한 타당성도 없다. 따라서 니체에게 '좋다'라는 개념은 비교와 대립의 모든 체계 밖에서 홀로 작용한다. 에너지론적으로 말해서 이것이 의미하는 것은, 귀족에게 모든 것은 그 내부로부터 온다는 것이다. 외부에 대한 긍정에서도 모든 것은 내부로부터 외부로 이동한다. 힘들의 방향이 나타내는 이러한 단일성 속에는 고정된 대상들, 예를 들어 '나쁜 것'으로 불릴 수 있는 대상이 들어설 자리가 전혀 없다. 에너지의 즉각적인 발산 속에서 귀족은 망각한다. 그는 변전 생성을 좋아한다.

반면에 한을 품은 인간은 처음부터 '외부에' 있는 것에 대해, 그와는 다른 것에 대해 '아니오'를 대립시킨다. 이 '부정'이 파괴적이고 창조적인 그의 행위이다. 귀족이 파괴하고 창조하는 방식과는 반대로, 한을 품은 인간은 시간과 삶의 운동을 따라갈 수 없기 때문에——복수로 파괴하고 창조한다. 그는 넘치는 삶으로 고통받는 것이 아니라 삶의 빈곤함으로 고통받으며, 이 빈곤함은 그를 지나간 세월을 그리워하는 자로, 그리고 시간의 흐름에 적대하는 자로 만든다. 고통은 그의 파괴를 부추긴다. 이 증오에 찬 고통은 끊임없이 과거를 현재로 복귀시키고, 그로 하여금 현재를 미래로 열 수 없게 만든다. 그런데 이 고통이 파괴를 창조로 바꾸어 놓는다. 이 점이 바로 유대 민족이라는 주목되는 현상을 구성하고, 이 민족이 창조한 삶의 유형을 구성한다. 삶에 대한 증오 자체를 통해, 이 유형은 약자가 강자를 이기는 삶의 조건들을 창조한다. 이것이 유대 민족의 모든 천재성이다. '부정'이 창조적 행위가 되는 것이다. 삶을 부정하는 입장이 삶을 연장하고 있다. 우리는 이러한 역설을 에너지적 표현으로 이해한다. 세계에 대한 '부정'은 그 자체가 세계의 힘인 것이다. 조직화된 이 '부정'은 유형들을 형성한다. 그런데 이 힘은 내부에서 외부로 흐른다기보다는 다른 방향, 즉 외부에서 내부로 이동한다. 한을 품은 인간은 적극적이지 않다. 그는 반응석이나. 그의 창조적 행위는 언제나 일어나고 있는 일에 대한 반응이다. 그것은 자신의 외부에 있는 일에 완전히 무심한 채, 자기 자신의 힘을 믿는 그로부터 자연 발생적으로 나오는 것이 아니다. 그의 창조는 이 창조 자체와는 다른 무엇에 달려 있다. 그러므로 한을 품은 인간의 힘은 창조적이지만 전혀 자율이 없다. 그렇기 때문에 그의 창조는 귀족의 창조와 결코 같은 종류가 될 수 없다. 반응적인 이 창조는 타자에게 달려 있다.

하나의 평가로부터 다른 하나의 평가로의 이동은, 단지 기호의 전환을 통해서만 이루어지는 것이 아니다. 한을 품은 인간의 평가가 나쁜 것으로 전치시키는 '좋은' 것은, 고귀한 인간의 평가에서 나타나는 '좋은' 것이 아니다. 기호가 단지 하나의 시스템에서 다른 시스템으로 이동하면서 바뀐 것이다. 강자를 이기기 위해, 약자는 강자=좋다의 이미지를 완전히 변모시켜야 했다. 그런데 약자의 에너지 대부분을 소모시키는 이 변모 행위가 그의 '반응'을 형성한다. '좋은' 귀족은 자기 자신과 세계를 위해 그의 모든 에너지를 소비하면서 그 반대에 대해서는 무심함밖에 드러내지 않았던 것에 비해, 한을 품은 인간의 에너지는 그것이 외부에서 내부로 이동한다는 의미에서 반응적인 성격을 띤다. 그것은 내면화 속에 위치하며, 이 내면화에 따라 전개된다. 그리하여 한을 품은 인간은 귀족을 도덕적 '괴물'로 만든다. 이 괴물은 더 이상 에너지로 표시되지 않고, 원칙적으로 자유롭고 자율적이며, 달리 행동할 수 있는 여유가 있었지만 악을 위한 악을 선택한 주체로 표시된다.

이와 같은 새로운 평가에서 a) '선'과 '악'이라는 용어들은 상호 밀접하게 종속적이다. 실제로 좋다/나쁘다의 대립이 개념적으로 기능하는 가치들의 대립이 되는 것은, 다만 한을 품은 인간과 이 인간의 부정적으로 파괴적인 에너지와 더불어 그렇게 된다. b)가치들의 대립으로서 이 용어들은 행위들의 변전 생성 이전에 해석의 도식을 제공하면서, 이와 같은 도식의 범주 내에서 해석할 수 있는 것과는 다른 무엇이 일어날 수 있는 모든 가능성을 제거하면서 이 행위들에 선행하고 있다. c)이러한 종속과 이와 같은 도식화에 따라, 한을 품은 인간의 평가체계는 그의 적이 한 행위의 본질(에너지의 방향)을 감추고, 마찬가지로 그 자신의 힘과 이 힘의 방향 또한 감춘다. 바로 이와 같은 이중의 감추기를 통해서 한을 품은 인간의 미래가 없는 창조/파괴는, 고귀한 인간의 미래가 풍요로운 창조/파괴를 이긴다. 한은 2천 년 동안 인류의 미래 자체가 된다. 그리고 한을 품은 인류는, 타자가 본질적인 체계 밖에서는 생각하거나 행동할 수 없다는 사실로 인해 망각을 할 수가 없다. 시간은 여전히 과거에 찰싹 들러붙어 있다. 한을 품은 인간은 결코 과거를 단념할 수 없기 때문이다. 자기 자신과 다른 것에 대해 '아니오'라고 말함으로써, 그가 부정적으로 말하는 것은 영원히 입 속에서 고정되어 있다. 이것은 에너지의 총체적 모순이다.

우리는 강자와 약자의 싸움을 에너지와 관련된 표현으로 기술하였다. 이는 형이상학과 이것의 도덕(약자의 체계 자체) 이면에서 중요한 것이 사실은 힘들의 게임과 배치라는 것을 보여 주기 위한 것이었다. 니체가 계보학을 실천하고, 그것을 에너지론의 형태로 전개시킨 후 이제 그 자리에 무엇을 제안하고 있는가? 이 질문은 제I장에서 처음 제기되었다. 우리는 니체의 에너지론을 전개시켰기 때문에 하나의 답을 표명할 수 있다. 귀족의 평가를 유대인이 전복시키는 현상을 힘의 근원에서 다시 그려냄으로써, 니체는 하나의 평가가 다른 평가로 전복되는 것을 힘들의 배치가 변모하는 것으로 드러냈다. 그러므로 원칙적으로 '유대인이' 전복시킨 것을 니체가 전복시키는 것은, 2천 년의 반작용에 종지부를 찍기 위해 새로운 에너지의 배치를 알리게 되는 것이다. 그러나 니체의 사상에 있어서 이러한 전복은, 니체 작품의 수용을 복잡하게 만드는 애매성을 지속시키면서 적어도 두 개의 전복으로 나누어진다. 본장의 2절에서 이 두 운동을 따라가 보자.

2 니체의 애매성 : 유형, 힘들의 게임, 정신

제Ⅰ장에서 인용한, 《도덕의 계보학》에 실린 대목의 본질을 상기해 보자.

> 요컨대 민중은 벼락이 내리칠 때 행동을 둘로 나누는데, 이것은 행동의 행동이다. 그들은 동일한 사건을 한 번은 원인으로, 또 한 번은 이 원인의 결과로 간주한다. (……) 재 속에서 타오르는 억제된 정서가, 강자는 자유로이 약자가 되고 맹금은 자유로이 어린양이 될 수 있다는 믿음을 이용한다면 얼마나 놀라운 일이겠는가. 사람들은 그렇게 맹금으로부터 자신이 맹금이라는 사실을 책임지는 권리를 가로챈다. (……) 이런 종류의 인간은 보존 본능에 의해 자유 의지를 부여받은 중립적인 '주체'에 대한 믿음을 필요로 한다. (……) 주체(또는 좀더 민중적인 언어로 말한다면 영혼)는 아마 지금까지 지상에서 가장 훌륭한 신조로 남아 있는 것이리라.[22]

이 대목에서 강자는 맹금에 비유되고, 약자는 어린양에 비유되고 있다. 약자가 지닌 힘의 계략은, 맹금으로 하여금 '자신이 맹금이라는 사실을 책임지도록' 만드는 주체의 개념을 창조하는 것이다. 그러므로 그것은 어린양-인간은 맹금-인간으로 하여금 자신을 즉각적으로 발산하기보다는 자신을 반성하고, 자신의 현존재에 대해 생각해 보도록 설득한다는 짐이다. 에너지적인 논지를 전개한 이제, 우리는 문화와 자연의 이와 같은 비교가 니체의 텍스트에서 겪고 있는 모든 위험을 상당히 쉽게 알아차릴 수 있을 것이다. 한쪽의 강자와 약자, 그리고 다른 한쪽의 맹금과 어린양 사이의 유사함은 니체로 하여금 힘들을 '자연적인' 용어들로 생각케 한다. 이렇게 하여 분석은 형이상학적 대립(자연/문화)의 사면들 가운데 하나로 되돌아가는데, 도덕의 에너지론이 내세운 과업은 바로 이 대립의 이면에 위치하는 것이었다. 니체에게서 그러한 이동들은 이 대립을 뛰어넘기보다는 에너지론을 순수한 힘의 철학으로 귀결시킨다. 이 철학은 용어들을 대립시키는 데 달려 있는 형이상학적 사유가 다 그렇듯이, 결국은 전사의 평가에서 한을 품은 인간의 평가로의 이동과 관련하여 아무것도 설명하지 못한다. 왜냐하면 순수한 힘의 철학의 표현으로 볼 때, 왜 강자가 약자처럼 약자가 되리라고 설득당한단 말인가?라는 질문이 제기되기 때문이다. 단순히 강자보다 약자가 더 많다는 사실(이 점은 니체가 통과하기 어려운 지점에서 자주 제시하는 논거이다)이 에너지의 차원에서 우리에게 말하는 것은 거의 없다. 문제는 힘들의 배치이지 힘들의 양이 아닌 것이다. 계보적-에너지적 사유에서 이 연결부분은 첫 시론의 다음 패러그래프에서 가장 명백하게 나타난다.

(좋다=강자들이) 사회적인 모든 구속으로부터 해방을 즐길 때, 그들은 공동체의 평화 속에서 보낸 오래 된 모든 칩거 생활, 감옥 같은 생활이 겪게 하는 긴장을 보상받고, 야수의 의식이 지닌 천진함으로 돌아간다. 학생들의 땡땡

이라도 되듯이 그처럼 영혼의 오만과 고요함을 지닌 채, 일련의 비열한 살인·방화·강간·고문으로부터 빠져 나오는 것 같은 승리에 찬 괴물들처럼 말이다. (……) 그 모든 귀족적 인종들의 내면에서 먹이와 희생을 찾아 배회하는 야수, 금발의 그 기막힌 금수를 알아볼 수 없다는 것은 있을 수 없는 일이다. (……) 오늘날 '진리'로 간주되고 있는 것이지만, 모든 문화의 의미가 바로 인간이란 야수를 길들여서 엄정한 교육을 통해 순하고 개화된 동물로 만드는 것이라는 점을 우리가 옳다고 인정한다면, 우리는 귀족적 인종들이 결국 모멸받고 지배받았던 반작용과 원한의 그 모든 본능들을 문화의 진정한 도구들로 간주해야 할 것이다. 사실 이 점이 이 본능들을 대표하는 자들은 동시에 문화를 대표하는 자들이었다는 것을 의미하는 바는 아직 아닐 터이다. 나는 오늘날 그 반대가 (……) 명백하다고 생각한다! 인류의 후퇴를 나타내는 자들은 비굴함과 복수의 본능들을 '지닌 자들'로서, 유럽과 다른 곳에서 특히 아리안족 이전의 모든 잔재 요소들에 대한 노예적 복종을 위해 생겨난 것을 물려받은 자들이다.[23]

인용된 대목은 니체에게서 드러나는 가장 나쁜 것을 모아놓고 있다. 본능들을 문화와 자연이란 용어들로, 지배적 종족과 노예 종족의 용어들로 분석한 것이 삶에 대한 인종차별주의적 정치를 가능케 하거나 약속하고 있으며, 따라서 20년대와 30년대에 니체 작품에 대한 나치의 찬동을 가능케 하거나 약속하고 있다. 여기서 두 개의 질문을 제기해야 한다. 첫번째도 앞서 기술한 형이상학의 에너지론직 계보와 관련하여 무슨 일이 벌어졌는가? 두번째로 이 에너지론 자체에서 무엇이 모든 역사, 모든 문화, 힘들의 모든 게임을 순수한 힘으로부터 해방하고자 하는 그 욕망으로 귀결시킬 준비를 하고 있는가?

첫번째 질문에 대답을 해보자. 이 패러그래프에서 니체는 에너지론적 계보학의 필연적 결과와 명백한 모순 속에 있는 적어도 세 개의 사상적 움직임에 휩쓸리고 있다.

1) 사회를 넘어서 '야수의 의식'으로 회귀 가능하다고 말하는 것은, 마치 '유대 민족'의 전도에 대한 전도가 우리를 모든 문화를 넘어서 '아리안족'의 에너지 배치로 이끌기라도 하는 것처럼 역사와 문화를 완전히 제외시키는 것이다. 그러나 니체 자신이 제Ⅰ장에서 우리에게 가르쳐 준 것은 의식이 역사를 형성하고 있다는 것이고, 미래의 대과업은 인간의 살아 있는 유기체 가운데 가장 허약하고 상처받기 쉬운 부분인 의식이 '본능이 되는 것'이라는 점이다.(《즐거운 지식》) 그러므로 이러한 과업의 관점에서 볼 때, 본능으로의 단순한 회귀는 그야말로 시간을 거슬러 올라가 퇴행하는 것이다. 그리하여 형이상학의 이면으로 되돌아간다는 것은, 결국 가공의 기원(야수성의 순수한 본능)을 내세워 모든 문화를 파괴하는 것이 된다. 이는 니체 자신이 비판한 것 속으로 환상적인 퇴행을 하는 것으로, 가장 나쁜 근대 신화와의 제휴를 가능케 하는 것이다.

2) 이러한 퇴행은 인간의 특수성(기술적·경제적·사회적)을 형성시키는, 역사의 적극적 힘들을 전혀 존중하지 않는 것이다. 그것은 결국 오로지 본능들이 추구하는 힘에 초점을 맞추고 만다. 이러한 관점에 비추어 볼 때, 강자와 맹금의 유

사는 계시적이다. 우리가 이 유사에서 발견하는 것은, '한을 품은 인간'으로 이르게 하는 내적 힘들의 배치는 고정된 본능이 되었고, 마찬가지로 고정된 전사의 본능과 대립관계에 있다는 것이다. 이렇게 고정됨으로써 힘들은 본능적인 생물학적 프로그램들이 된다. ('본능'이라는 말, 독일어로 'Instinkt'가 이를 입증한다.) 그런데 모든 것은 힘들을 에너지의 '보따리들'로 간주하게 만들었고, 이것들 서로간의 차이는 방향이고 조직화이고 배치였지 질이나 특성이 아니었다. 실제로 형이상학의 계보에 나타난 첫번째 주장(원인과 결과의 전도)을 좀더 가까이 따라가면, '질'과 '자연'이라는 세계의 도식들은 이것들이 아무리 자연적인 것처럼 보인다 할지라도, 에너지들의 역사적 진화의 결과에 지나지 않을 것이다. 힘들의 복합체들로 이루어진 불안한 유형학은, 패러그래프의 마지막에서 니체에게 여러 가지 종(種)들의 동물학이 된다. 이 동물학은 모든 종이 시간을 강하게 들이받는 하나의 축 위에 취해진 생명의 변형에 불과할 수 있다는 사실을 전혀 고려하지 않는 것이다. 이로부터 세번째 모순이 나온다.

3) 니체의 형이상학적 운동은 패러그래프의 마지막 부분에서 그를 최악으로 몰아가고 있다. 그는 여기서 한편으로는 '귀족적 인종'에 대해, 다른 한편으로는 '아리안족 이전의 종족'들에 대해 말한다. 마치 본능들이 사회적 집단들에 대한 오로지 생리학적인(생리학자 같은) 유형의 분석을 허용하는 것처럼 말이다. 그러나 니체의 작업 내부 자체로부터, 가치로서의 인종이라는 관념은 시간과 공간 속에서 에너지 배치의 차이들과 강하게 부딪침으로써 절대로 정당화될 수 없다. 바로 힘들에 대한 니체의 사유를 시간화시키는 이와 같

은 측면이, 하나의 평가에서 다른 하나의 평가로의 이동을 계보적으로 설명하였던 것이다. 이 이동은 니체 자신이 '유형들'에서 '인종들'로 넘어가자마자 다시 생각할 수 없게 되어 버릴 것이다. 필연적으로 우발적이고 가변성인 에너지의 배치를 각인시키는 것은 생물학적 성격의 흔적을 각인시키는 것이 된다. 계보적 이동을 서로 다른 인종들간의 심연으로 만드는 은근한 변화는 인종차별주의적인 이데올로기의 가능성을 열어 주는 것이다. 그러므로 '인종'이란 개념은 삶의 차별화 과정들이 지닌 복잡성의 단락인 것이다.

바로 여기서 우리는 두번째 문제에 답할 수 있다. 이 단락이 니체에게 항상 나타날 위험이 있는 때는, 삶의 복잡성과 다양성에 대한 그의 역사적이고 과학적인 계보학이 둘로 분할될 때이고, 그리고 그것이 배타적으로 생리학적인 분석이 될 때이다. 왜냐하면 니체에서 생리학과 같은 과학이 역사 속에 뿌리내리는 일로부터 모두 해방되자마자, 그것은 살아 있는 인간 유기체의 진화가 비역사적인 인종들의 형태로 시간을 받아치는 것을 가능케 만든다. 바로 이런 의미에서, 에너지론으로서 계보학은 힘들의 모든 복합체가 지닌 역사적 조건과 성격을 분명히 하지 않는 한 순수한 힘의 철학을 언제나 준비할 수 있는 것이다. 여기서 다시 한 번 코르나로의 식이요법의 경우를 상기해 보자.

니체가 보기에 코르나로가 간소한 식이요법을 계속한 것은 그가 좋은 체질, '극도로 느린 신진대사'(II: 976)의 혜택을 누리고 있었기 때문이지 그 반대는 아니다. (이런 반대는 변전 생성하는 힘들을 지배하는 주체와 의지를 함축하는 논지이다.) 게임중에 있는 힘들이 조정의 역사에 더 이상 속하지 않는 비역사적인 극단까지 논지를 밀고 나갈 때, 이 논지가 말하게 되는 것은 코르나로가 유전적으로 귀족이기 때문에 느린 신진대사를 누리고 있다는 것이다. 형이상학적 논리의 주요 결정 주체(인과관계의 범주)를 파괴함으로써 도출된 삶의 복잡성은, 역사를 형성시키는 과정들 밖에 위치하는 본능들의 유형학을 통해 다시 축소되고, 이 유형학은 자연적인 특출함의 철학으로 귀착된다. 이것이 나치들에 의해 살인적인 방법을 집단적으로 악용한 순수 생리학주의이다.

그러나 니체에게 카르나로의 신진대사는 동시에(이 '동시에'라는 말은 텍스트의 애매성이 자리잡는 연결 부분을 나타낸다) 계보적 표현들──역사와 과학이라는 두 사면을 함께 놓는 계보적 표현──을 통해 이해되어야 할 것이다. 이와 같은 해석을 따르면, 카르나로의 신진대사를 통한 장수는 육체를 중심으로 도는 에너지들 위에 이루어진 오랜 역사와 오랜 실천(가정적이고 사회적이며, 부분적으로는 의지적이고 부분적으로는 비의지적이며, 의식적이고 무의식적인 실천)의 결과이다. 카르나로는 이와 같은 역사의 상속자로서 장수를 즐기는 것이다. 이 장수는 바로 육체(좋은 것으로서 육체)를 지닌 유산이지, 배타적으로 생물학적이고 비역사적인 유전이 아니다. 따라서 카르나로의 육체에 대한 비형이상학적인 분석은, 이 육체가 위치하는 공간적이고 시간적인 축들을 인정해야 하는 것이다. 그것은 감각과 지성의 모든 대립을 앞서고 초월하는 역사로서 의식의 역사와 짝을 이루는 분석이다. 카르나로의 강한 체질은 사람들이 되돌아갈 수 있다거나, 나아가 문화의 공간과 시간을 넘어서 퇴행할 수 있는 고정된 유형이 아니다. 그것은 아주 대단한 복잡성을 띤 힘이 배치들을 물려받은 유산이다. 이 복잡성은 당연히 완벽한 분석이 곤란하다.

그리하여 니체가 나치즘과 연결되는 같은 순간에, 그 삶을 '생물학화시키는' 그의 평가가 지닌 표상들을 훨씬 뛰어넘는 분석의 길을 개략적으로 구상해 내고, 언제나 타당한 철학적·정치적 중요성을 지닌 무엇, 즉 역사적-에너지적 계보학을 소개한다. 현대적 표현을 써서 말한다면, 이것은 인문과학과 자연과학 사이의 구분을 나타내는 두 측면, 즉 삶과 인지의 측면에서 작용하는 다학문적인 분석이 될 것이다. 그래서 이 계보학의 짝은, 원한을 역사를 통해 극복하는 힘들의 배치가 될 것이다. 이것이 바로 니체가 《도덕의 계보학》의 두번째 시론(과오, 양심의 거리낌)에서 '최상의 개인'이라 일컫는 것이다.

1. 최상의 개인과 정신

니체는 《도덕의 계보학》 두번째 시론의 목표를 '정의'의 개념에 대한 역사적 계보를 제공하는 것으로 내놓고 있다. 이 계보의 도입부에서, 그는 그 자신이 '최상의 개인'이라 일컫는 것에 대한 조그만 윤곽을 그리고 있다. 사람들은 자주 이 개인의 초상을 못 본 체하고 지나갔다. 그런데 아마 이 초상은 니체의 전작품에서 가장 관심을 끄는 전개 가운데 하나, 즉 미래의 인간 유형이 될 수 있고, 우리가 후에 '초인'이라 부르게 되는 것에 대한 전개를 구성한다 할 것이다. 이 초상에서 우리는 즉각적인 발산을 퇴행적으로 찬양

하는 것과는 반대로, 전사귀족으로의 퇴행에 대해 앞서 한 분석에서 나누어진 두 가지를 한데 모으는 에너지의 복잡한 조직을 보게 된다. 두 가지 중 하나는 니체가 받아들인 의식으로서, 힘들의 역사적 조직에 대한 그리고 이 조직이 힘들에 미치는 조직적인 효과에 대한 의식이다. 두번째는 내면화의 역사를 통해서만 외부를 긍정하는 '적극적' 전형의 묘사이다. 그리하여 최상의 개인의 초상은 활동적인 전사(戰士) 인간과 한을 품은 반응적 인간 사이의 역사-문화적 대립을 극복한다. 두 인간 사이의 교대가, 발산과 내면화의 에너지적 배치들을 혼합하는 하나의 전형이 기술적으로 형성됨으로써 해결되는 것이다. 니체는 동일한 에너지의 복합체 속에 힘과 역사, 위력과 기술을 결집시키면서, 이 전형이 역사 속에서 형성되는 과정을 '정신'이라 부른다.[24] 이 개념과 최상의 개인이라는 상관적 개념을 정의에 대한 니체의 계보학을 통해서 접근해 보자.

정의의 모든 제도 중심에는 '과오'의 개념이 있다. 문헌학적 분석을 통해서, 두번째 시론은 과오(Schuld)의 도덕적 개념을 '빚(Schulden)'이라는 물질적 개념으로 거슬러 올라가게 한다. 이렇게 하여 그것은 정의의 기원이 채권자와 채무자 사이의 물질적·경제적 계약의 관계 속에 위치한다는 것을 암시한다. 이는 루소와 칸트가 한 분석의 이면을 들여다보는 입장에 서고자 하는 주장이다. 이 두 분석은 근대 민주주의 사상의 토대를 형성하는, 이른바 '사회 계약'이라는 허구적 지점으로 사회의 기원을 귀결시킨다. 두 계몽철학자에게서, 이 지점이 아무리 허구적이라 할지라도 자율은 정치 공동체의 미래 지평을 형성한다. 정의의 개념에 대한 니체의 계보학은 이 지평과 대립하여 서 있다. 니체의 관점에서 볼 때 우리가 정의의 '본질적인 면,' 다시 말해 그것의 발전 법칙들을 이해하게 되고, 따라서 이 발전의 미래를 제시할 수 있게 되는 것은 역사적 분석을 통해서만 가능하다. 이렇게 볼 때 니체의 이러한 분석으로부터 비롯되는 '지상권'의 개념은 근대적 개념의 반대가 아니라, 오히려 이 근대적 개념의 이해와 발전을 형성한다. 왜냐하면 정의의 기원과 관련하여, 정의의 역사는 '물질적 빚'이라는 관계를 정신화시킨 역사이기 때문이다.

니체에게 정신화와 정신의 개념은, 그의 철학이 어떤 방향에서 삶과 순수한 힘에 대한 '생물학화하는' 사유를 끊임없이 뛰어넘고 있는지 잘 보여 준다. 이 개념은 니체의 에너지론에 대한 우리의 분석과 짝을 이룬다. 그러나 그것은 에너지와 기술의 중대한 관계를 결정적으로 도입하고, '최상의 개인'이라는 전형이 간직한 에너지 배치를 이해하도록 가장 잘 준비한다. 그렇다면 정의는 어떤 의미에서 물질적 빚의 정신화인가? 니체에게 정의란 즉각적으로 행동하지 않을 수 있는 점증하는 능력처럼 나타난다는 사실에 비추어 볼 때, 즉각적인 반응은 개인에 대한 복수의 행위에 지나지 않는다 할 것이다. 정의가 연기되면 될수록(덜 개인적인 결정 주체들에 의해 시간 속에서), 그것은 더욱 정의롭게 될지도 모른다. 그러나 이러한 측면은 분명 약자, 원한을 품은 자, 복수와 과거를 단념하지 않았던 자의 근대적 정의에 대한 조금 전의 기술(記述)이었다! 우리가 보았던 이전의 전형들이 지닌 품성들은 여기서 니체가 사유의 수단으로 사용하는 용어들, 즉 형이상학의 과거와 미래라는 용어들을 혼동시키면서 서로 교차하기 시작한다. 최상의 개인 형성을 보다 직접적으로 접근하기 전에 정신화의 예를 보자.

니체는 '좋다와 나쁘다'·'선과 악'이라는 두 가치를 로마 문화와 유대인 문화로 대립시키면서 첫번째 시론의 결론을 내린다. 우리가 이미 주목한 바와 같이, 그는 유대가 지금까지 로마를 이겼다고 주장한다. 약자가 강자에 대해 형이상학적-그리스도교적 승리를 거두었는데, 이 승리는 근대적 주체를 제시하는 힘들의 내면화를 통해 보장된 것이었다. 그러므로 중요한 것은 두번째 시론에서 정의를 정신화한 특권이 로마에, 그리고 근대법의 선구를 이루는 로마법에 분별 있게 주어지고 있다는 점이다. 채권자와 채무자의 빚관계를 점점 더 추상적으로 만들고, 육체에 보다 덜 연결되게 만든 것은 로마이다. 빚이 갚아지지 않으면,

> 채권자는 특히 채무자의 육체를 온갖 방식으로 훼손하고 고문을 할 수가 있었다. 예를 들어 빚의 중요성과 비례하는 것으로 보이는 신체의 일부를 자를 수 있었다. 사태를 이런 식으로 봄으로써 육체의 다양한 팔다리와 부분들에 대해 강제적 권리를 갖는 평가들이 어디에나 일찍이 있었다. 나는 로마의 십이동판법의 선포를 하나의 진보로서, 보다 자유롭고 보다 고귀하고 보다 로마적인 법률적 착상의 증거로서 바라본다. 이 동판법이 확립한 것은, 이 경우 채권자들이 다소 채무자의 육체를 잘랐다 할지라도 그것은 죄가 아니라 한들 상관없다는 것이다.[25]

니체가 보기에 잔인한 임의적 행위로 간주될 수 있는 것

이, 반대로 점점 더 '정신적인' 정의로 가는 길을 열고 있다. 이 정의에서 빚과 벌 사이의 물질적 등가관계가 재건된다. 근대적 정의에서 이와 같은 등가관계는 죄와 처벌 사이의 심적이고 보다 정신적인 관계로 연장된다. 그러나 니체에게 이 등가관계는 개인들(범죄자들)이 빚을 지고 있는 채권자들과, 사회가 보상을 요구하지 않는 능력을 향한 보다 서서한 '진보'에 속한다. 바로 이 등가관계가 다음과 같은 니체의 비범한 대목, 즉 배제의 모든 유형이 필연적으로 사라져 버린 그 대목을 설명하는 것이다.

한 공동체가 나타내는 힘과 개인적 의식이 증가하면, 형법은 항상 유연해지게 된다. 약화 현상이나 심층적 위험이 나타나자마자, 곧바로 형벌제도의 보다 엄격한 형태들이 다시 나타난다. '채권자'는 그가 부유해지는 것과 동일한 비율로 인간적이 된다. 결국 우리는 그가 괴로워하지 않고 견딜 수 있는 편견의 숫자로 그의 부를 측정하기까지 한다. 사회에 해를 끼친 자를 벌주지 않고 놓아두는 최고의 사치를 누릴 수 있는 정도까지, 자신의 지배력에 대한 의식을 지닌 그런 사회를 상상하는 것이 불가능한 것은 아니다. 이때 이 사회는 이렇게 생각할 수 있으리라. "요컨대 나에게 기생하는 자들이 뭐 그리 대단한가? 그들도 살아가고 번영해야 한다. 나는 그들에 대해 염려하지 않을 정도로 충분히 강하다"(……) "모두가 용서받을 수 있고, 모두가 용서받아야 한다"라고 말하는 것으로 시작하는 정의는, 결국 채무를 지불할 수 없는 사람에 대해 눈감아 주고 방임한다. 그것은 이 세계에 있는 뛰어난 모든 것이 그러하듯이, 결국 스스로 소멸된다. 이와 같은 자동 소멸은 사면이라 불린다. 그것은 (……) 가장 강한 것이 지닌 특권, 즉 '법을 뛰어넘는 것'으로 존속한다.[26]

우리는 마지막장에서 이 인용문을 이것이 그려내는 움직임과 더불어 자세히 다시 다룰 것이다. 여기서는 이와 같은 지평을 제공하는 로마의 정신력이 정신의 에너지적 위력이라고 말하는 것으로 충분하다. 이 위력은 첫번째 시론에서 로마와 유대에 동시에 나타나는 위력이다. 왜냐하면 이 정신은 약자에게 특별한 추상의 에너지를 결집시키고, 강자에게 특별한 망각의 에너지를 결집시키기 때문이다. 그것은 외부로부터 오는 사건들을 고통받지 않고 점점 더 잘 견디는 능력을 나타낸다. 그것은 이 외부를 변모시킴으로써 외부에 의해 충격을 받지 않는 능력으로서, 최상의 개인이 지닌 에너지의 배치를 특징짓는 것이다. 그러므로 이 특징은 적극적 인간의 역사와 반응적 인간의 역사가 뒤늦게 낳은 산물이다. 그렇기 때문에 그것은 이 역사들을 서로 불가분의 관계로 만들면서, 본장의 주요 주제의 하나를 확고히 해주고 연장시켜 준다. 이 주제는 에너지의 배치가 힘들로 이루어진 동일한 복합체를 토대로 차별화된다는 것이다.

채권자와 채무자 사이의 도덕의 기원을 이루고, 역사가 진행되는 동안 사회에 대한 빚으로 정신화된 계약관계는 니체가 보기에 약속을 줄 수 있는 가능성에 토대를 두고 있다. 바로 다른 모든 것을 넘어선 이와 같은 능력이 인간을 동물과 에너지적 차원에서 구분시켜 주는 것이다. 그것은 그 자체로서 인간이 성취하는 인간화에 고유한 정신화의 에너지적 과정을 모방한다. 니체에게 이 능력은 망각하지 않으려는 적극적 욕망, 즉 욕망의 계속성을 함축하는데, 니체는 이것을 '의지의 진정한 기억'[27]이라 일컫는다. 바로 이와 같은 계속성의 토대 위에서만 약속은 지켜질 수 있다. 따라서 그와 같은 토대 위에서만 경제적인 것으로부터, 계약적 성격이 있는 종교적이고 윤리적인 관계를 포함해 정치적인 것에 이르기까지 모든 계약이 가능한 것이다.

약속은 모든 사회성의 토대를 형성한다. 그 자체로서 약속은 우리의 힘들에 대한 어떤 규율을 형성한다. 의지의 기억으로서 약속이 있기 위해서는 "'나는 원한다'·'나는 할 것이다' 라는 최초의 의지와 엄밀한 의미에서 의지의 발산, 즉 행위 사이에 새롭고 낯선 것들이나 상황들뿐만 아니라 의지가 자리잡을 수 있는 행위들로 이루어진 온전한 세계가 필요하다. 이때 이처럼 긴 연쇄적 의지를 단절시키지 않을까 두려워해서는 안 된다."[28] 약속은 정의를 정신화시키는 축으로서 미래가 준비될 수 있도록 의지의 규율을 요구한다. 인간의 인간화가 전제하는 것은 인간이 필연적이고 예측 가능하며 규칙적이 되는 것이고, 그가 "미래를 약속하는 자가 그렇듯이, 자신의 인격을 미래에도 궁극적으로 책임질 수 있도록"[29] 책임감을 느끼게 되는 것이다. 의지의 이와 같은 규율, 즉 의지의 기억은 인간이 자신의 힘들을 조직화하는 것을 요구한다. 본장의 1절에서 우리가 상세히 이야기했던 힘들의 배치는, 부분적으로는 계층화·배열화의 결과이다. 그것은 요컨대 기억 작용의 결과이다. 이러한 현상은 즉각적인 에너지의 발산과, 외부에서 내부로 에너지의 방향 전도 사이에 이루어지는 차후의 모든 구분——문화적이고 (또는) 유형적인 모든 구분——에 선행한다. 다시 말해, 그것은 '적극적' 인간과 '반응적' 인간 사이의 모든 구분에 선행한다. 이로부터 약자가 강자에 대항하는 전략——이 전략은 강자에게 책임을 부과하는 데 있는데, 우리는 지금까지 이 점을 매우 중시하였다——은, 실제로는 힘들의 이와 같은 기억 작용의 결과에 불과하다는 사실이 나온다.

  니체는 이렇게 자문한다. 그렇다면 어떻게 "인간-동물에게 기억이 만들어지는가? 어떻게 순간의 무디고 혼탁한 그 지성 위에, 망각의 그 구현 위에 무엇인가를 충분히 각인시켜 현재로 남아 있도록 할 수 있는가?"[30] 대답은 기억술이다. 기억은 하나의 테크닉이라는 것이다. 기술화와 기술화를 동반하는 것, 즉 인간의 사회화와 정연화 없이는 어떠한 약속도 없다. 무엇보다도 이 점이 보여 주는 것은 인간이 인간으로서 언제나 이미 사회적이고 기술적인 존재라는 것이다. 따라서 사회와 동떨어진 강한 인간에 대한 니체의 신화는 전적으로 환상인 것이다. 이 환상의 경제가 빛을 보기 위해서는, 니체의 텍스트가 지닌 복잡성 속에 그것이 다시 들어가야 한다. 이것이 우리가 여기서 시작하려고 하는 것이다. 우리가 역사 속으로 거슬러 올라가면 갈수록, 인간이 약속을 지키고 사회의 구성원이 되기 위해서는 인간의 표피 위에 기억해야 할 것을 더 많이 태워야 한다. 그렇기 때문에 시론이 여러 번에 걸쳐 반복하고 있듯이, 인간의 도덕화 역사는 잔인한 역사인 것이다. 우리는 지금 사유를 육체와 분리시킬 수 없고, 삶을 두 세계로 나눌 수 없는 또 다른 이유를 보고 있다. 계보적으로 볼 때, 도덕은 하나의 특별한 의지가 육체의 다른 본능들을 지배하기 위해 육체를 훈련시킨 결과라는 것이다. 정신화는 기술·육체, 그리고 정서들이 지닌 힘들 사이의 길고도 복잡한 역사이다. 그것의 결과는 인간이 자신의 약속을 지키고 책임을 지는 능력이다.[31]

따라서 니체에게——여기서 우리가 상기할 수 있는 것은 본능들이 정신화되는 역사로서 의식의 역사이다——이성·본능들에 대한 지배, 도덕, 이런 것들은 에너지와 기술의 그 서서한 '진화'의 결과인 것이다. 약속을 줄 수 있는 한 동물의 구성은 기술적-에너지적 형성으로서 인간화의 역사인 것이다.

그런데 이와 같은 엄청난 과정이 끝날 때, 다시 말해 나무가 마침내 열매를 맺게 되고, 니체의 말에 따르면 사회와 관습의 도덕성이 마침내 그 목표——사회와 도덕성은 이 목표를 위한 수단에 불과했다——를 분명히 드러낼 때, 그가 '최상의 개인'이라 부르는 것이 나타난다. 의지도 없고 목표도 없는 정신화의 이러한 과정에 대한 묘사를 읽어보자.

> 나무에서 가장 잘 익은 열매는 최상의 개인, 자기 자신과만 유사한 개인이고, 관습의 도덕성으로부터 해방되고 자율적이고 초도덕적인 개인(왜냐하면 '자율'과 '도덕'은 상호 배타적이기 때문이다)이며, 간단히 말해 고유하고 독립적이고 지속적인 의지를 가진 인간이며, 또한 약속을 할 수 있는 인간이다. 이 인간은 자기 자신 안에, 자신의 근육 안에, 그가 그렇게 하여 도달한 것과 자신의 육체가 되어버린 그 무엇에 대한 의식을 간직한 인간이다. 그는 자유와 위력에 대한 진정한 의식과, 특히 인간에 대한 완벽의 감정을 가진 존재이다. 그리하여 진정으로 약속을 할 수

있는 해방된 이 인간, 자유 의지를 지닌 이 지배자, 이 주권자는 약속을 할 수도 없고 자기 자신에 대해 책임을 질 수도 없는 모든 존재에 대해 진정한 우월권이 자신에게 보장되어 있다는 것을 알 수밖에 없을 것이다. 그는 이 우월권과 더불어 자기 자신에 대한 지배력, 상황과 자연에 대한 지배력, 그리고 보다 제한적인 의지를 지니고 신뢰가 덜 가는 존재 들에 대한 지배력을 보장받은 것이다. (……) '자유로운' 인간, 지속적이고 제어할 수 없는 의지를 지닌 자는 이와 같은 소유 속에서 자신의 가치 표준을 찾아낸다. 다른 사람들을 쳐다보기 위해 그 자신만을 기준으로 삼음으로써, 그는 신뢰할 수 있는 사람들(약속을 할 수 있는 사람들)을 숙명적으로 존경하면서 (……) 타자들을 받들거나 경멸한다. 따라서 그는 지상권자로서 어렵게, 드물게, 서두르지 않고 약속을 하는 자들에 속하는 각자이고, 자신이 지닌 자신감의 현현이며, 자신의 말을 믿을 수 있는 무엇으로 제시하는 자들에 속하는 각자이다. 왜냐하면 그는 어떤 일이 있어도, 사고가 날지라도, '운명'이 가로막을지라도 이 약속을 지킬 만큼 자신이 충분히 강하다고 느끼기 때문이다. (……) 그는 약속이 자신들의 영역에 속하지 않는데도 약속을 하는 비참한 자들을 쫓아 버릴 준비가 되어 있는 자이다. (……) 책임이라는 비상한 특권에 대한 긍지에 찬 인식, 그 진귀한 자유의 의식, 자기 자신 및 운명에 대한 그 지배력의 의식은 그의 가장 내밀한 심층까지 뚫고 들어가 본능, (……) 즉 지배적인 본능의 상태로 넘어간 것이다. 그는 이것을 자신의 의식이라 부른다.[32]

너무나 유사한 점이 많기 때문에, 우리는 여기서 니체가 다른 곳에서 강자라고 부른 것에 대한 묘사를 보지 않을 수 없다. 자율, 가치의 자기 기준은 이것을 나타내고 있다. 그러나 이 강자는 더 이상 사회와, 그리고 역사와 동떨어져 있지 않다. 그는 금발의 야수처럼 법률의 보호 밖에 있는 것이 아니다. 그는 법 위에 있는 것이다. 그는 법을 통과해 극복한 것이다. 바로 이러한 의미에서 그는 초도덕적일 뿐 부도덕이지도 비도덕적이지도 않다. 제Ⅰ장에서 말한 표현을 빌린다면, 그는 '극히 도덕적이다.' 이 극도의 도덕성은 법을 비이성적으로 파괴하는 것이 아니다. 그것은 법과 교대하는 것이다. (거의 헤겔적인 의미에서 말이다.)[33] 이것이 전사귀족이라는 강자와, 니체가 여기서 말하는 강자 사이의 모든 차이점이다. 이 강자는 법의 정신화가 뒤늦게 거둔 열매이다.[34] 그의 자율은 그가 외부에서 오는 사건들에도 불구하고 자신의 약속을 지킬 수 있다는 사실이다. 그의 에너지가 내부에서 외부로 간다면, 그것은 외부와 내부관계의 역사를 통해, 기술적 반복을 통해 훈련된 에너지이다.

이와 같은 의미에서, 그는 우선 로마와 유대 사이의 싸움이 낳은 결실로 간주될 수 있다. 이 결실은 둘 다를 이용한 것이다. 왜냐하면 그가 변전 생성을 저버리지 않고, 또 그로 인하여 고통받지 않고 그 속에서 자신의 의지를 유지시킬 수 있는 능력은 한편으로는 내면화의 결실을, 다른 한편으로는 에너지를 발산하는 능력을 합체시킨 바로 그것이기 때문이다. 그가 자신의 약속을 지킨다는 것이 의미하는 바는, 그가 즉각적으로 발산하지는 않지만 그래도 발산을 한다는 것이다. 우리는 방금 이 인간을 로마와 유대의 싸움이 낳은 결실이라고 하였다. 그러나 다른 의미에서 본다면, 그들 둘 사이의 차이를 극복함으로써 그가 동시에 보여 주는 것은 차이는 지속되지 못한다는 것이고, 인간이 되고 약속을 하기 위해서는 언제나 이미 정연하게 되어 있어야 한다는 것이며, 또한 사람들이 약자의 운명을 모면하지 못한다는 것이고, 이 운명 자체가 강자가 되는 조건이라는 것이다. 이것이 귀족의 평가에 대한, 유대인의 전도(顚倒)에 대한 진정한 전도이다──약속을 하는 인간의 기술적-에너지적 역사가 드러내는 것은 우리가 두 전형을 분리시킬 수 없다는 것이고, 따라서 하나의 평가에서 다른 하나의 평가로의 이동은 동일한 역사라는 사실과, 야수라는 강자의 전형은 절대적인 환상이라는 사실에 의해 설명된다.

이러한 측면을 나타내는 가장 큰 표시는 최상의 개인이 책임의 특권을 유지하고 있다는 것이다. 그런데 첫번째 시론에서, 우리가 자주 지적했던 바와 같이 책임은 주체와 술어 사이의 분리에 속하는 사항이었다. (맹금은 맹금이 되어 있다는 사실에 책임을 져야 한다.) 이 분리는 약자의 전략에 의해 이루어진 분리였다. 그런데 이 이동이 분명히 보여 주는 것은, 사람들이 전략 자체로서 전략에 얽매여 있을 때만 이 전략이 약자의 전략이 된다는 것이다. 진정한 책임은 지속적인 의지에 기인한다. 그것은 금욕적인 면을 가지고 있다. 그러나 성직자와 한을 품은 인간의 금욕주의에 대항해 기억은 본능이 되었다. 강자는 본능들이 사회와 역사 밖에 동떨어져 있고, 신화적인 기원으로 퇴행해 있는 그런 사람이 아니다. 반응적 인간의 내면화 역사와 적극적 인간을 혼합하고 있는, 사건들에 내한 그의 지배는 이 사건들에 신행하는 어떤 체계 속에서 이루어지는 개념적 지배가 아니다. 그것은 사건들이 변전 생성 자체 속에 다시 던져질 수 있도록 그것들을 내면화하는 지배이다. 바로 이와 같은 의미에서——우리는 이 점을 다시 다룰 것이다——의식은 최상의 개인에게서 본능이 되었던 것이다. 이제 우리가 보게 될 것은, 그렇게 하여 최상의 개인이 시간을 해방시키고 있다는 것이다.

Ⅲ

시간과 에너지 : 재평가

우리가 방금 검토한 것은 형이상학적 가치들에 대한 재평가가 어떤 의미에서 계보학적 방법, 즉 니체가 이 형이상적 가치들을 파괴하는 그 방법으로부터 도출되느냐였다. 계보학은 힘들에 대한 '일반적 에너지론'의 용어들을 해방시킨다. 일반적 에너지론은 최악의 경우 니체에게서 힘에 대한 정적인 철학으로 귀결되고, 최상의 경우 힘과 역사를 '정신'과 '정신화'의 분석 속에 결집시키고 있다. 이 분석은 에너지적, 아니면 좀더 분명하게 말해서 기술적-에너지적 표현을 통해서 도덕에 새롭게 접근하도록 만든다. 그런데 이 접근은 시간에 대한 사유와 동시에 시간에 대한 윤리로 이루어진다. 삶의 변전 생성과 복잡성에 충실한다는 것은 시간성으로 표현되는 힘의 철학을 일으킨다. 니체는 개념들을 통해서 형이상학의 파괴로부터 나온 에너지 배치를 재평가하고 있는데, 이 개념들을 구조화시키는 것은 힘과 시간, 에너지와 시간 사이의 관계이다. 우리가 지닌 힘들의 배치를 재조직화하는 작업은 방법들을 통해서 시간을 해방시키고, 그 시간이 출두하라는 '최고장(催告狀)'을 제시하는데, 이 개념들은 이러한 모든 방법을 특징짓는다. 그러므로 계보학은 우리의 사상이 지닌 역사성을 편력하면서 형이상학을 부인한 후에, 우리에게 단순히 시간을 돌려 주는 것이 아니다. 그것은 역사의 흐름을 따라가면서 시간과 시간의 증여를 대단히 중요한 윤리적 목적으로 만든다.

  계보학은 우리의 개념들이 지닌 시간적(역사적) 측면을 재추적하는 과정 바로 그 속에서 시간을 열어 주고, 우리의 힘들을 과거로부터 미래로 돌려 놓는다. 이 점은 거의 역설적

이면서도 불행하게도 자주 과소평가되었는데, 우리가 제안하는 독서, 즉 니체의 철학을 가장 결실 있게 읽고 가장 존중하는 것이라고 보여지는 독서를 위해서는 중요하다. 니체가 보기에 우리의 사상의 과거로 거슬러 올라가면 갈수록, 우리는 덜 열광에 빠진다는 것이다. (종교적 환상은 이 열광의 한 예이다.) 그리하여 에너지적으로 말해서, 우리가 덜 열광하면 할수록(자기를 쏟아 놓는다는 의미에서) 더욱더 우리는 복잡성을 받아들일 수 있고, 자신이 이 복잡성 속에 들어가게 됨을 긍정할 수 있다. 따라서 문제가 되는 것은 인간적인 것의 역사화를 통한 우리의 정서적 배치를 변모시키는 것이고, 우리의 역사적 의식을 구체화시키는 것이리라. 바로 이러한 의미에서 니체의 에너지론은, 그가 말한 '비합리주의'를 훨씬 뛰어넘어 시간에 대한 진정한 윤리학을 구성한다. 니체는 최상의 개인에 대한 묘사에서(앞장 참조) 이 윤리학을 '금욕주의'라고 일컬었다. 우리는 여기서 그것의 의미를 파헤칠 것이다.

본장에서 우리는 니체가 드러내는 세 개의 큰 재평가, 즉 '동일한 것의 영원한 회귀'·'초인' 그리고 '권력에의 의지'를 분석하면서, 시간에 대한 새로운 윤리학의 지평 속에서 에너지론의 시간적 측면을 개진할 것이다. 그러나 우리는 그렇게 하면서, 우리가 니체의 애매성이라 불렀던 것이 어떻게 시간과 에너지의 관계가 소멸하는 순간에 이와 같은 개념들 속에 노출되는지를 드러낼 것이다. 앞으로 보게 되겠지만──그리고 이것은 우리가 여러 번에 걸쳐 이미 앞장에서 힘과 역사의 관계와 관련하여 고찰했던 것이다──바로 이와 같은 분리 속에서 이 재평가들이 함축하는 시간이 윤리가 '비이성적인' 힘의 존재론으로 전복된다. 이러한 전개에 비추어, 우리는 다음 장에서 '최상의 개인'이 지닌 모습으로 돌아갈 준비를 할 것이다. 그리하여 니체가 내세운 이 재평가들의 가장 흥미있는 측면이 역사, 에너지, 그리고 시간 사이에 그려지는 관계의 복잡성 속에 있다는 것을 확인할 것이다.

1 동일한 것의 영원한 회귀

니체가 《즐거운 지식》의 끝부분에서 '더할 나위 없이 엄청난 무게'라고 부르는 것부터 시작해 보자.

더할 나위 없이 엄청난 무게 ——만약에 밤이든 낮이든 그대가 가장 고독한 때에 악마가 조심스레 그대를 찾아와 이렇게 말한다면 어찌하겠는가? "그대는 지금 그대가 살고 있고 과거에도 살았던 이 삶 그대로를 다시 한 번 살아야 하고, 수없이 많이 또 살아야 할 것이다. 그 삶 속에 새로운 것이라고는 아무것도 없으며, 오히려 그 반대이지! 각각의 고통과 기쁨, 각각의 사유와 탄식, 무한히 큰 모든 것과 무한히 작은 모든 것, 이 모든 것들이 그대를 위해 다시 오지 않을 수 없는 것이다. 이 모든 것이 그것도 동일한 맥락과 순서로 말이다. 그리고 또 나무들 사이에 있는 저 거미와 저 달빛, 그리고 이 본능과 나 자신까지 포함해서. 존재의 영원한 모래시계는 언제나 다시 돌아갈 것이다. 그리고 이 시계와 함께 먼지 중에 먼지인 그대도 돌아갈 것이다!" (……) 이런 사상이 그대, 현재 있는 그대로의 그대에게 힘을 미친다면, 그것은 그대를 아마 변모시킬 것이다. 그러나 그것은 또한 그대를 절멸시킬 수도 있을 것이다. "그대는 다시 한 번, 그리고 수없이 많이 여러 번 그것을 원하는가?"라는 이 질문은 엄청난 무게로 그대의 모든 행위를 전적으로 짓누를 것이다! 아니라고 한다면,

그와 같은 최고의 영원한 확인 이외에 다른 것을 더 이상 원하지 않기 위해서는 그대는 참으로 삶을 사랑하고, 참으로 그대 자신을 사랑해야 할 것이다.[35]

모든 것이 시간을 통해서 순환적으로 되풀이된다는 관념은, 니체에게서 '동일한 것의 영원한 회귀'로 일컬어진다. 그의 사상과 이러한 회귀에 대한 믿음은, 우리로 하여금 형이상학에 대한 니체의 재평가를 '범순환주의'로 취급하도록 유혹할 수 있다. '인과관계'의 범주가 해체된 데 따른 시간의 전도 이후 시간과 시간을 동반하는 사건들은, 니체가 볼 때 하나의 원을 그릴 수 있는 것이다. 따라서 시간에 대한 형이상학적 부인의 파괴는 우리를 시간적인 차이가 없는 우주론으로 귀착시킬 것이다. 그런데 우리가 에너지적 계보학을 전개한 마당에, 그와 같은 우주론적 해석이 지닌 빈약함은 우리로 하여금 이 관념을 힘과 시간 사이의 실질적 관계에 따라 보다 덜 자의(字義)적으로 해석하도록 유도할 수밖에 없을 것이다. 이 두 '개념'의 불가분성을 보여 주는 것은 우리의 첫번째 시도가 될 것이다.

이와 같은 독서의 열쇠는, 시간의 순환성이라는 관념이 위에서 함축하는 '무게'의 개념 속에 있다. 니체는 이렇게 자문한다. 나를 낳은 인류는 시간이 아무런 출구를 주지 못한다 할지라도, 다시 말해 시간이 비시간적인 어떠한 지평(그리스도교 신학에서 대속의 지평과 같은)도 제시하지 못한다 할지라도 시간을 짊어질 만큼 충분히 강한가? 그는 인간이 자신의 본질적 종말성 속에서 끝없는 시간을 살아갈 수 있기 위한 에너지나 충분히 양호한 에너지를 가지고 있는지 자문한다. 달리 말해서, 신의 죽음 이후에 인간 존재가 지닌 힘들의 문제는 시간을 시간으로서 접근하기 위해서 그에게 필요한 힘의 문제라는 것이다. 이와 같은 독서에 비추어 볼 때, 동일한 것의 영원한 회귀는 시간의 형이상학적 부정을 넘어서는, 시간에 대한 이론이라기보다는(더구나 이것은 거짓이라 할 것이다) 시간의 종말성과 관련된 우리의 고유한 힘들에 대한 시련이고 시험이다. 시간의 변전 생성(새로운 것의 반복)을 긍정하기 위해서는, 그러한 사상(순수한 반복)의 무게를 통과해야만 하는 것이리라. 《즐거운 지식》이라는 같은 책에 나오는 하나의 경구는, 이와 같은 해석을 확고히 해주는 방향으로 나아가고 있다.

엑셀시오르!——그대는 더 이상 기도하지 않고, 더 이상 숭배하지 않으며, 더 이상 결코 무한한 신뢰 속에 휴식을 취하지 못하리라. (……) 이제 그대에게는 더 이상 보수를 주는 자도, 마지막으로 교정을 해주는 자도 없으리라. 그대는 최근에 이룩된 평화에 대항해 그 자신을 방어해야 할 것이다. 그대는 전쟁과 평화의 영원한 회귀를 원하게 될 것이다——단념의 인간으로서 그대는 그 모든 것을 단념하기를 원할 수 있는가? 누가 그런 힘을 줄 것인가? 아무도 아직 그런 힘을 갖지 못했다!——거부하고 마지막까지 흘러갔던 장소에 둑을 뿜어낸 호수가 있다. 그때부터 이 호수의 수면은 항상 더 차오르고 있지. 아마 이와 같은 단념은 우리에게 단념 자체를 견디게 해주는 힘을 마땅히 제공할 것이다. 아마 인간은 신의 품속으로 더 이상 무너지지 않게 되는 순간부터 항상 더 높이 상승할 것이다.[36]

자신의 삶과 세계의 전역사를 동일한 사건들의 순수한 반복으로 간주한다는 것——이 사건들의 형태상 차이가 어떠하든간에——은 세계에 대한 하나의 평가이다. 이와 같은 평가의 목적은 진실을 말하자는 것이 아니다. 평가는 그보다는 힘들의 새로운 배치를 준비하는 데 도움이 된다. 세계에 맞서기 위해 신을 필요로 하는 한을 품은 인간의 평가와는 반대로, 그것은 시간의 종말성 앞에서 우리가 우리 자신을 정확히 가늠하는 표준적 척도를 확립한다. 한편으로는 반복적 측면만을 제시하는 관점으로 세계를 평가하고, 다른 한편으로는 삶을 긍정할 수 있다는 것, 다시 말해 자신의 힘들을 외부로 이끌 수 있다는 것은 신도 없고 하나님 아버지도 없는 세계에서 사유하고 행동하기 위해 필요한 힘의 표시이다. 이것이 바로 니체가 위에서 말한 '단념'이라는 것이다.

그런데 동일한 것의 영원한 회귀라는 관념이 준비하는 에너지적 배치 속에서, '신'의 필요성도 신의 역할도 반복하지 않기 위해서는 이 힘이 인간 자신으로부터 비롯되어야 한다. 우리는 그 이유를 잘 알고 있다. 인간은 그 스스로 어떤 신의 필요성을 단념해야 한다. 단념의 행동 자체에서 필요성——'신'의 기능은 이 필요성에 대답하는 것이었다——을 반복하지 않기 위해서 말이다.

외부의 결정 주체에 의거하지 않고 어떻게 이 단념이 가능한가? 우리는 니체가 어떻게 이와 같은 질문에 원칙적으로 대답하게 되어 있는가를 보기 위해, 니체 철학이 지닌 '에너지론'을 개발하면서 지금까지 모든 작업을 해왔다. 힘은 언제나 변전 생성의 상태에 있고 조직화되는 상태에 있다는 사실로 볼 때, 이와 같은 단념에서 중요하다고 생각되는 것은 하나의 힘의 배치에서 다른 하나의 힘의 배치로의 이동이다. 이 이동은 단념의 행위가 이루어지는 바로 그동안에 이루어진다. 다시 말해, 그것은 에너지의 이동이다. 니체 자신이 이것을 위의 인용문에서 말하고 있다. 신이 없는 세계를 떠맡는 힘의 배치는 세계 속에 있는 신에 대한 단념 자체로부터만 올 수 있다는 것이다. (아마) 시간과 결합할 수 있고 다른 사람이 될 수 있는 힘을 우리에게 주게 되는 것은, '신의 품속에' 힘이 흐르게 하는 것을 단념함으로써 해방된 힘일 것이다. 그러므로 '동일한 것의 영원한 회귀'라는 관념은 전적으로 힘들의 배치 문제이다. 이는 앞선 두 장에서 도출된 에너지론에 엄격하게 충실한 것이다. 그러므로 니체의 재평가가 형이상학의 파괴로부터 내재적으로 비롯된다는 우리의 주장은 다시 한 번 확인되는 것이다. 이 점은 여기서 매우 중요한 것으로 분명히 드러난다.

영원한 회귀의 관념은, 흔히 《차라투스트라는 이렇게 말했다》(1883-85)에 나오는 차라투스트라라는 예언자가 가르친 하나의 '독트린'(이 작품에 나오는 단어 자체이다)으로 간주되어 왔다. 이 작품의 내용(초인)은, 인간들이 근대의 허무주의를 극복하고 싶어한다면 그들에게 처방해 주어야 하는 내용인 것이다. 그러나 우리가 방금 말한 것이 보여 주는 바는 '동일한 것의 영원한 회귀'가 스승과 제자들, 규칙과 제도들을 갖추고 제공해야 하는 가르침의 의미에서의 (모세가 시나이산으로부터 내려와 유대 민족에게 가르침을 준다든가, 그리스도가 감람산에서 제자들에게 가르침을 준다든가 하는 것처럼) 독트린은 전혀 아니라는 것이다. 동일한 것의 영원한 회귀라는 독트린에 나타나는 외양(차라투스트라는 자신의 독트린에 대해, 그가 계곡에 가져오고자 하는 새로운 율법판처럼 말하고 있다)에도 불구하고 가르칠 것도, 따라서 배울 것도 아무것도 없다. 왜냐하면 분명히 말해서 단념이 인간 자신으로부터 온다면, 이 단념 이후로 오는 다른 사람(신의 품을 단념하게 된 사람)은 시간의 종말성을 받아들인 사람이기 때문이다. 이 다른 인간은 그가 지닌 힘들이 다시 방향을 잡는 바로 그 과정에서 에너지적으로 창조되는 것이다. 그러므로 영원한 회귀는 에너지의 새로운 배치만을 예고하는 것이며, 배치되어야 할 힘들이 독트린이 반대를 나타내는 그 힘들 자체라는 점에서 주의를 환기시킨다. (그렇기 때문에 차라투스트라는 언제나 자신의 하강을 기다리는 것이다.) 이러한 의미에서 새로운 배치는 형이상학의 에너지적 계보에 뿌리를 내리는 시간과 우리의 관계를 새롭게 그야말로 재평가하는 것이다.

이제 이와 같은 힘들의 문제가 어떻게 시간과의 새로운 관계로 표현되는지 분명히 밝히기 위해 관점을 뒤집어 보자. 이번에는 재평가에서 힘과 시간의 불가분성, 즉 미래의 윤리적 문제로 향할 그 불가분성을 보여 주는 두번째 기회가 될 것이다.

《차라투스트라는 이렇게 말했다》에서, 차라투스트라는 영원한 회귀의 예언자로서 부각된다. 작품의 초기에 신의 죽음을 알린 뒤, 차라투스트라는 여러 장소를 돌아다니며——자신의 동물들과 홀로, 또는 인간 집단 속에서, 또는 이른바 제자들에 둘러싸여——니체가 '최후의' 인간이라고 일컫는 것과 인간의 미래, 즉 '초인' 사이의 이동에 관해 명상하는 데 자신의 전 생애를 보낸다. '최후의 인간'은 신을 단념하는

데 도달하지 못하는 자, 예를 들어 신 없는 세상에서는 혼돈과 무의미밖에 보지 못하는 자이다. 이에 비해 초인은 우리가 방금 말한 바와 같이 이미 단념한 자이고, 변전 생성을 전적으로 순진무구하게 이미 받아들인 자이다. 영원한 회귀의 독트린과 그것의 예언자는, 이 책에서 결정적인 이동이 되지 못하는 두 형태들 사이의 교량 역할을 한다. 그런데 영원한 회귀가 우리가 시간과 맺는 관계의 수정이라는 분명한 표현으로 이해되는 것은 '속죄'(2절) 및 '환영과 수수께끼'(3절)라는 항목에서이다.[37]

'속죄' 항목에서 차라투스트라는, 동일한 것의 영원한 회귀의 명제가 함축하는 삶의 긍정은 과거를 일어난 그대로 긍정하는 것이라고 주장한다. 이 긍정은 '과거에 있었던 모든 것'을 '나는 그렇게 되기를 원했다'로 변모시키는 것을 함의한다. 차라투스트라의 입장에서 '내가 속죄라고 부르는 것은 단지 그것이다'라고 할 때, 이 속죄는 그에 따르면 그리스도교의 속죄와는 거의 반대되는 것이다. 여기서 앞장에서 개진된 한을 품은 인간의 에너지 배치를 시간적 표현으로 바꾸어 보자. 우리가 여기서 상기해야 할 것은, 이 인간은 일어나고 있는 일에 대해 언제나 '아니오'라고 부정의 형태를 취하며, 모든 사건에 대해 이 사건에 선행하는 원인을 찾는다는 것이다. 이 원인의 가장 좋은 예는 원죄의 심적인 상황으로서, 이 원죄에 따라 한 인간에게 일어나 잘못되는 일은 모두 그 자신의 잘못이라는 것이다. 사건들과의 이와 같은 관계는 변전 생성을 교묘하게 감추고, 사건들이 서로 유지하는 관계의 복잡성을 지나치게 인간적인 차원으로 끌어내리게 된다는 것이다.《차라투스트라는 이렇게 말했다》의 속죄 항목에서 차라투스트라가 암시하는 것은, 원한의 에너지적 배치가 우리 의지의 배치로부터 비롯된다는 것이다. 그는 이렇게 말한다. "의지는 퇴행적으로 행동하기를 원할 수 없다. 시간과 시간의 욕망을 꺾을 수 없다——이것이 바로 의지의 가장 고독한 비탄이다."[38] 우리의 의지는, 다시 말해 적어도 지금까지 그것이 형성된 그대로 본 우리의 의지는 시간에 대항하는 태도를 드러낸다. 삶을 둘로 분리하고자 하는 욕망, 우리가 이 책을 시작하면서 다룬 그 욕망은 시간에 대항하고 시간의 흐름에 대항하는 욕망임이 분명히 드러난다. 이것이 바로 지금까지 인간의 속성을 특징짓는 것이다. "시간은 뒷걸음질치지 않는다. 이것이 의지의 분노이다. '과거에 있었던 것'——의지가 일으킬 수 없는 돌은 그렇게 불린다."[39] 이와 같은 분노는 차라투스트라에게 '복수의 정신'으로 표현된다.

앞장에서 이 정신은 한을 품은 인간을 특징짓고 있었다. 이 인간은 과거를 단념할 수 없고, 망각할 수 없는 것이다. 여기서 복수가 시간과의 관계 속에서 고려되는 것은, 의지와 지나간 사건들과의 관계를 구조화시키는 절대적 허약성을 통해서이다. 복수라는 이 정열은 모욕자가 죄를 변제하도록 벌을 주겠다는 의지로 여겨지기보다는, 시간과 '지나간 일이었다'는 시간의 과거성에 대항하는 의지의 반발로 여겨진다. 복수 정신이 지닌 욕망은 시간을 허물어뜨리는 것이고, 이 욕망은 차라투스트라가 보기에 벌이라는 관념 자체 속에 표현된다. 다시 말해, 지나가는 것으로서 시간을 망각할 수 없고, 또한 받아들일 수도 없으므로 해서 의지는 과거를 벌로서 반복한다. 그렇기 때문에 모든 복수 행위는 결국 우리와 시간과의 관계 문제가 된다는 것이다. 여기서 우리가 상기해야 할 것은 《도덕의 계보학》에 있는 패러그래프인데, 이 패러그래프에서 정의로운 공동체의 개념이 예견되고, 죄가 더 이상 벌을 받지 않으며, 정의 역시 자동 소멸되어 법을 넘어서 존재하게 된다. 시간의 망각(초인이 하게 될 주체의 정의)과는 반대로, 복수의 정신은 시간을 반복하는 정신이다. 이 정신에게 하나의 행동은 벌을 부르고, 이 벌은 행동을 상기시키게 되어 있다. 이것이 교환의 순환이었는데, 《도덕의 계보학》에서 정의에 대한 로마인의 개념은 인류를 이 교환의 순환으로부터 해방시키고 있다. 이제 우리가 알게 되는 것은 이 행위들이 사실 시간적 순환 속에서 돌고 있으며, 미래가 이 순환을 뚫고 나가지 못한다는 것이다. 차라투스트라와 그리고 물론 니체의 입장에서 볼 때(전자의 이야기와 후자가 《도덕의 계보학》에서 제시하는 로마의 분석 사이에 우리가 방금 엮어 놓은 관계를 고려하자), 이 반복은 극단적인 경우 시간을 원죄로서 소멸시킨다. 한 사건의 의미와 방향은 언제나 이미 결정되어 있는 것이다. 그러므로 한을 품은 인간의 '부정'(외부에 대해 부정적인 그의 힘)은 시간에 대한 진정한 추적처럼 보여지는 것이다. 복수의 정신을 통해서는 아무것도 일어나지 않는다. 이것은 이 정신의 의지가 시간을 받아들이지 않기 때문이다.

그러므로 시간에 대한 그리스도교의 속죄와 차라투스트라가 생각하는 속죄 사이의 구분을 제대로 알기 위해서는, 영원한 회귀의 반복 및 이것과 짝을 이루는 의지를 한과 복수의 인간들이 드러내는 반복 및 의지와 분명히 구분해야 한다. 그런데 영원한 회귀의 독트린이 시간을 받아들일 수 있는 인간의 능력에 의해 규정된다면, 그것은 시간으로부터 해방되는 의지를 예견한다. 왜냐하면 그것은 시간의 변전 생성을 받아들이고, 이 변전 생성의 명제를 통해서 시간은 '자동 소멸하리라' 보기 때문이다. 역설은 분명하다. 시간을 받아들임으로써, 우리는 이 시간으로부터 해방되는 것이다. 반면에 시간의 변전 생성을 거부함으로써 우리는 시간에서 벗어날 수 없게 된다. (이것이 한을 품은 인간의 신경증이다. 시간에 사로잡혀 그가 오직 할 수 있는 것은 시간으로부터 벗어나는 것을 원하는 것이다.) 따라서 시간이 흐르도록 내버려두는 의지는, 신의 품(허구적인 '비시간적 지평')으로부터 미래의 방향으로 자신의 에너지를 다시 조정하고, 이와 같은 방향 수정 자체를 통해서 스스로를 변모시키며, 그렇게 하여 시간을 변전 생성으로서 긍정할 수 있도록 에너지적으로 준비가 되는 것이다.

여기서 힘의 문제와 시간의 문제는 니체에게 동일한 문제가 되었다. 차라투스트라가 복수 정신의 '시간적' 분석을 통해서 암시토록 하는 것은, 시간을 받아들일 수 있도록 시간을 반복하고 부인하지 않는 것이 미래를 미래로서, 다가오는 그 무엇으로서 해방시킨다는 것이다. 시간의 '과거성'을 긍정하는 것은, 시간으로부터 벗어나고자 하는 어떤 독트린보다 시간을 덜 반복적으로 만들면서 미래로 하여금 나타나라는 최고장(催告狀)이 오도록 하는 것이다. 그러므로 시간이 지닌 불가역적인 측면을 받아들이는 것이 의미하는 바는 새로운 것이 오도록 하는 것이다. 동일한 것의 영원한 회귀는, 시간의 '회귀'(그것의 불가역적 측면)가 새로움을 가져오는 반복의 역설적 독트린이다. 차라투스트라가 관련 항목에서 명료하게 말하고 있진 않다 할지라도, 바로 시간의 불가역적 측면이 지닌 역설적 해방 속에서 의지는 미래의 의지로 스스로를 변모시킨다——의지는 과거에 더욱 밀착된 채 다른 무엇이 되고, '자동 소멸한다.' (정확하게 말해서, 이 용어가 지금까지 차라투스트라의 견해에 따라서 시간에 저항해 버티는 의지의 속성을 나타낸다면 그것은 적절하다.) '환영과 수수께끼'라는 항목에 나타나는 차라투스트라, 난쟁이 그리고 목자의 대립에서, 반복 및 의지와 관련한 동일한 것의 영원한 회귀가 분명히 드러난다. 우리는 이 역설을 통해 영원한 회귀에 대한 우리의 분석을 마칠 것이다.

차라투스트라는 거기서 하나의 환영을 이야기한다. 이 환영 속에서 그는 난쟁이와 목자를 대동하고 산의 오솔길을 오르고 있다. 난쟁이의 이름은 '무거움의 정신'이다. 복수의 정신으로서 그는 신을 단념하지 못하고, 사물들을 그것들의 변전 생성으로 환원시키지 못한다. 난쟁이는 하나의 회랑이 있는 장소에서 차라투스트라의 어깨에서 뛰어내린다. 회랑 양쪽으로 서로 상반되는 두 개의 길이 무한히 뻗어 있다. 회랑의 이름은 'Augenblick'(순간, 또는 독일어 문자 그대로 '일별')이다. 이 순간은 반복으로서 시간을 보는 두 방법, 두 '영원성'을 나눈다. 하나는 끊임없이 의지를 과거 시간에 대한 회한으로 돌아가게 하면서 시간을 순환적 원으로 봉쇄하려는 자의 방법이다. 다른 하나는 시간을 받아들이면서 의지를 과거로부터 해방시킬 수 있도록 시간을 반복하는 것이다. 이것은 우리가 지금까지 개진한 반복의 두 개념이다. 니체는 이 일별을 다른 곳에서는 낮의 운동을 둘로 나누는 순간인 '대(大)정오'라고 일컫는다.

우리의 관점에서 이 '순간'은, 시간의 찰나라는 의미에서 순간을 표현하기보다는 마지막 인간으로부터 초인으로 가는 에너지 배치의 이동을 '표시한다.' 이 이동의 표현은, 우리가 보았듯이 인간과 시간의 관계라는 표현으로 규정된다. 다음에 오는 두번째 환영, 즉 회랑의 환영은 이 이동을 하나의 우화로 나타낸다. 신의 죽음이라는 이동 이후에, 그것은 니체 작품에서 가장 충격적인 이동들 가운데 하나이다. 차라투스트라는 경련을 일으키며 헐떡거리고 있는 한 목자를 만난다. 그의 입 밖으로는 검고 무거운 뱀 한 마리가 걸려 있다. 목자는 죽어가고 있는 형이상학을 나타내고, 뱀은 그를 죽이는 허무주의를 나타낸다. 헛되이 뱀을 잡아당기면서, 차라투스트라는 목자에게 뱀을 물어뜯으라고 소리지른다. 니체는 이렇게 결론을 내린다. "그러자 목자는 내가 소리쳐 권하는 대로 물어뜯기 시작했다. 그는 이빨로 크게 물어뜯었다! 그는 뱀의 대가리를 멀리 토해 냈다——그리고 벌떡 일어났다——이미 그는 인간도 목자도 아니었다——그는 변모되었고, 빛나는 모습으로 웃고 있었다. 나는 아직 그처럼 웃는 인간을 결코 본 적이 없었다!"[40]

과거를 과거로 내세우는 명제는, 여기서 분명히 미래에 대한 '긍정'이 되고 있다. 우화에 나타나는 미래에 대한 표시들은 춤과 웃음이다. 과거에 대한 이 '긍정'은 삶을 변전 생성하고 지나가는 무엇으로서 인정하는 '긍정'이다. 이것이 니체가 다른 곳에서 '아모르 파티'라 부르는 것이다. 문자 그대로 이 아모르 파티는 운명의 사랑이며, 우리의 표현을 쓴다면 시간의 '과거성'에 대한 사랑이다. 이 사랑은 우리가 후에 다시 다루게 될 용어이며, 니체가 '긍정 대답'이라 일

걷는 것을 열어 준다. 이 '긍정 대답'은 원한·복수 그리고 (또는) 무거움의 정신과는 반대로 의지의 방향을 미지의 세계 쪽으로, 일어나는 사건들 쪽으로 다시 설정한다. 이때 이 의지는 사건들에 저항하지 않고, '부정'을 말하지 않으며, 시간의 흐름을 원망하지 않는다. 우리는 그저 단념에 대한 앞의 인용문을 통해서 예견된 에너지적 태도에 도달한 것이다. 니체에게서 춤과 웃음은 신의 죽음에 대한 애도를 마감했다는 것을 시간적·에너지적 방법으로 나타낸다. 자신의 종말성을 이미 받아들였기 때문에 시간으로부터 해방된 인간 존재는, 우리가 지금까지 알았던 바대로 자동 소멸한다. 니체에게서 인간의 이 자동 소멸은 '초인'이라 불린다.

2 초인

그러므로 '초인'은 자신의 종말성을 받아들인 인간이다. 그는 그 자신의 내면으로부터 비롯되는 힘들의 배치를 가진 자이다. 이러한 배치는 시간의 이동을 받아들임으로써 시간에 변전 생성을 부여하고, 그렇게 하여 미래를 해방시킨다. 따라서 초인은 어떤 전형, 즉 그 특징이 인류의 윤리적·정치적 행동을 위해 결정된 미래(시간적 지평)를 형성하면서 규정되는 그러한 전형이 아니다. 동일한 것의 영원한 회귀의 독트린이 시간적·에너지적 표현으로 초인을 나타내고 있지만, 그것은 그 이상 나아갈 수가 없다. 그렇지 않으면 그것은 이 미래를 하나의 새로운 신으로 만들고, 우리는 이 신을 믿고 이 신에 따라서 우리의 방향을 잡을 것이다. 이는 초인이 구현하는 사상 자체에 대한 오해일 것이다. 우리는 다시 형이상학에 떨어지고, 신——이번에는 초인이라는 신——의 품안에 떨어질 것이다.

그렇기 때문에 니체는 웃고 춤추는 이 인간에 대해 대단한 것을 말할 수 없다고 여겨진다. 왜냐하면 이 인간은 아직 오지 않았고, 우리의 미래 자체이기 때문이다. 이로부터 앞에서 인용한 대목의 우화적 형태가 비롯된다. 우리가 말할 수 있는 모든 것은 그의 웃음과 춤이, 마지막 인간의 의지가 과거로부터 일단 빠져 나오면 시간과 새로운 관계가 지닌 순진무구함을 상징한다는 점이다.

그러므로 우리는 본장에서 영원한 회귀의 독트린에 관해

그토록 길게 역점을 두었고, 초인의 재평가는 다만 이 독트린의 범주 내에 위치하는 것이라는 점을 이해시키려고 노력하였다. 달리 말해서 초인의 웃음과 춤은 미래를 나타내고, 이 미래의 힘에 우리는 언제나 대비를 하는 것이다. 초인처럼, 그 웃음과 춤은 이와 같은 준비 자체로부터 올 것이다. 그리고 그렇기 때문에 《차라투스트라는 이렇게 말했다》에서 차라투스트라는 자신을 초인, 즉 앞으로 나타날 '예언자'로서만 간주하는 것이다. 영원한 회귀에 대한 그의 독트린이 특별한 가르침이 아니듯이, 이 예언은 불확정적이며 하나의 '교량'인 것이다. '교량'으로서 차라투스트라는 이 미래가 무엇이 될 것인지는 모르지만, 시간(분명히 말해서 해방되어서는 안 되는 무엇으로서의 시간)으로부터 해방과 이 해방을 동반하는 힘들의 재조정이 춤과 웃음에 후속 조치를 할 것이라는 점은 적어도 안다. 이 춤과 이 웃음이 보다 확정적일 수 없다면, 미래로서 초인이 우리가 언제나 목표로 삼는 에너지의 변모라는 다른 쪽으로부터 오지 않는다면, 우리는 니체에 따르면——이것은 유명한 대목이다——다만 우리의 시간성을 역사적이고 정서적인 방법으로, 다시 말해 금욕적 방법으로 전개시킴으로써만이 이 변모를 목표로 삼을 수 있다. 그러므로 초인은 종말성을 매우 잘 받아들인 존재일 것이다. 매우 잘 받아들였기 때문에 이 종말성은 단순히 의식("그렇다, 우리의 종말성을 받아들여야 한다"라고 말하는 마지막 인간의 "아 슬프도다, 우리는 신이 없구나"라는 의식)의 대상이 결코 아니라, 그의 '본능'이 될 것이다.

이 인간은 단순히 다시는 신의 품속으로 자신의 힘들이 흐르도록 놓아두고 싶은 마음이 없는 것이 아니라, 더 이상

그렇게 할 수가 없는 것이다. 그는 에너지적으로 다른 사람이 될 것이고, 우리가 알고 있는 그대로 이 인간은 자동 소멸할 것이다. 그러나 변모가 일어나도록 하기 위해 언제나 대비하는 우리로 말하면, 계속해서 우리의 본질적인 시간성을 실천해야 한다. 그렇지 않으면 우리가 목표로 하는 것은 결코 우리의 '본능'이 되지 못할 것이고, 우리는 그것을 니체의 표현과 마찬가지로 우화적인 표현으로 말하지 않으면 안 될 것이다.

우리가 이 세 가지 점을 제시한 것은, 초인에 대한 니체의 개념을 역사적으로 이해해야 한다는 것을 말하기 위해서이다. 초인의 개념이 형이상학의 계보로부터 도출되듯이 마찬가지로 그것은 하나의 미래를 준비하는데, 이 미래의 범주는 역사의 어느 순간에 분명해졌다. 하지만 그것의 특징은 우리가 역사 속에서 전진함에 따라, 그리고 우리 자신의 종말성을 받아들임에 따라 창조해야 할 것이다. 니체의 철학에 따르면, 우리는 여전히 이 미래로부터 멀리 있는 것이다.

우리는 초인이, 초인의 존재이기 위해서 신에 대한 단념이라는 변모 자체로부터 올 것이라고 말하였다. "이 단념을 받아들이기 위한 힘은 어디에서 올 것인가?"라는 니체의 질문에, 우리가 니체와 더불어 대답한 것은 시간이 흘러가는 동안 우리의 본질적인 시간성이 이룩하는 발전으로부터 온다는 것이었다. '어디'는 이 과정의 미래 자체로부터, 우리가 단락시킬 수 없는 시간적인 '사후'에 나타난다. 니체에게서 이 발전은 '자신을 극복하는 것'이라 일컬어진다. 《차라투스트라는 이렇게 말했다》에서 그것은 인간의 자동 소멸에 대한 선결 조건이다. 그런데 바로 여기 '초인'이라 명명된 재평가의 중심에서 사정은 다시 극도로 애매해졌고, 우리가 본서의 내용이 전개되는 동안 여러 번에 걸쳐 특기한 일탈을 허용하고 있다. 이와 같은 애매성의 재출현에 대해 언급하면서 이 부분을 마치도록 하자. 우리는 그것이 항상 있었다는 것을 곧 알게 될 터이다.

우리가 상기해야 할 것은, 힘의 진원지 문제를 언급한 대목이 신의 죽음으로부터 애도 완료로의 이동을 거부하면서 수면이 항상 더 상승하는 호수에 비교하였다는 점이다. 호수가 물의 흐름의 방향을 재조정하였듯이, 마찬가지로 그후 우리가 초인이라고 일컬었던 것은 신의 품으로 흘러 들어가기를 거부하는 것으로부터 나타난다. 호수가 자신의 힘들에 새로운 방향을 주기 위해서는 하나의 둑이 필요하다. 여러 번에 걸쳐서 니체는 인간과 초인 사이의 이동에 대해, 오로지 의지라는 표현으로 말하기 위해 이 둑을 에너지적으로 표현하는 것——이 표현은 다시 한 번 우리의 종말성에 대한 긴 작업(당연히 기술을 포함하는)을 요구한다——을 '망각하고 있다.' 그러므로 의지가 단념의 과정 자체에서 형성되는데도 마치 이미 있었던 것처럼 나타난다. 바로 이런 행동을 통해, 니체는 영원한 회귀와 초인에 대한 독트린들을 의지의 독트린으로 만들고 있다. 초인은 강력한 의지를 지니고 있고, 이 의지가 있기 때문에 자기 자신을 극복하는 자라는 것이다. 이런 행동 속에서 니체는 외부로 열려진 출구를 막아 버리는데, 이 출구는 분명 인간과 처음부터 인간의 관심을 끌었던 사건들 사이의 관계를 규정하는 것이다. 그렇게 하면서 그는 의지의 형이상학적 논리를 반복한다. 이 논리는 우리가 제 I 상에서 내내 강소한 바와 같이, 그가 분명히 벗어나고 싶었던 것이다. 이와 같은 흐름을 보기 위해 세 대목을 인용해 보자.

가장 정신적인 인간들이 가장 강한 인간들이다. 그들은 다른 사람들이 파멸하는 곳에서 자신들의 행복을 찾아낸다. 미로에서, 자신과 다른 사람들에 대한 가혹함 속에서, 시련 속에서 말이다. 그들의 기쁨은 자신을 이기는 것이다. 그들에게 금욕주의는 자연·욕구·본능이 된다. 그들은 가장 존경할 만한 계급이고, 이런 사실이 그들이 동시에 가장 즐겁고 가장 친절한 계급이라는 점을 배제하지 않는다. 그들이 지배하는 것은 그들이 원하기 때문이 아니라, 그들이 존재하기 때문이다.[41]

내가 여기서 제기하는 문제는, 존재들의 계층체계 내에서 무엇이 인류를 대체하게 되어 있는가(――인간은 하나의 궁극 목적이다――)가 아니라 우리는 어떤 전형의 인간을 기르고 원해야 하며, 어떤 전형이 가장 큰 가치가 있을 것이며, 또한 살아야 마땅할 정도로 가장 존엄이 있고, 미래에 대해 가장 확신에 차 있을 것이냐이다. 최고의 가치를 지닌 이와 같은 전형은 이미 자주 모습을 드러냈다. 그러나 우연처럼 예외처럼 나타난 것이지, 결코 원해서 나타난 전형이 아니었다.[42]

근본적으로 계급들, 따라서 혈통들을 섞어 버리려고 어리석게 갑작스런 시도를 하고 있는 우리의 근대 유럽은 이런 사실에 대해 위아래로 회의적이다. (……) 의지가 마비되어 있다. 오늘날 이와 같은 불구상태가 발견되지 않는 곳이 어디란 말인가! 내가 원하는 것은 (……) 유럽이 유럽을 지배할 새로운 계급을 통해서 유일한 의지, 수천 년 동안의 목표를 자신에게 부여할 수 있는 끔찍하고 지속적인 의지를 형성하겠다는 결심을 해야 한다는 것이다. 그렇게 하여 유럽은 마침내 너무나도 오래 지속되었을 뿐인 코미디에 종지부를 찍게 될 것이다. 조그만 나라들로 분할되고, 군주제나 민주제로 줏대 없이 갈라진 그 코미디에 말이다. 작은 정치의 시대는 지나갔다. 다음 세기는 세계의 지배를 위한 투쟁을 가져올 것이다——큰 정치를 하지 않으면 안 되는 것이다.[43]

우리는 정신성의 꿋꿋함으로부터 순수한 힘으로의 꿋꿋함으로 조금씩 조금씩 넘어가고 있다. 우리가 제II장에서 '힘'의 용어로 분석한 애매성은 이제 '의지'의 용어로 변모되고 있다. 첫번째 인용문에서 인간의 미래는 정신화의 긴 과정의 결과로서 사유되고, 이 과정 동안에 의지는 역사적 산물(카르나로의 반복)로서 그 위치가 설정되어 있다——그러므로 이러한 분석은 정신적인 것의 기술(記述)을 넘어서는 미래(이는 앞으로 다가오는 것이다)를 결정하지 못하는 분석이다. 그런데 마지막 두 인용문은 인간 미래의 위치를 노력, 의지, 욕망된 지평의 표현으로 설정하고 있다. 여기서 분명히 해보자. 첫번째 패러그래프는, 우리가 앞서 영원한 회귀와 초인에 대해 설명한 것처럼 의지의 개념을 필요로 하고 있다. 그러나 그것은 분석을 그 자체로서 이끌지 못하고 있다. 이 패러그래프의 문맥에서 본다면, 우리는 인간과 초인 사이를 가르는 순간이 의지가 속해 있는 여러 힘들 속에 뿌리를 두고 있는 긴 형성의 과정이라고 말할 수 있을 것이다. 의지는 여기서 이 힘들의 근원도 주체도 아니다. 그러나 다른 두 개의 인용문에서는 인간에서 초인으로의 이동이 하나의 결정, 하나의 결심이 되었다. 이와 같은 결정에서 변전 생성은 의지에 종속되어 있다. 그런데 이런 종속은 의지를 형성하는 시간과 강하게 충돌하고, 니체가 우리에게 매우 잘 가르쳐 주었듯이 삶의 움직임과 긴장을 구성하는 힘들의 복잡성을 축소시킨다. 결과는 초인이 더 이상 불확정적 지평이 아니라 역사의 움직임의 선두에 서서 유일한 의지, 혈통들, 그리고 '큰 정치'에 관한 독트린들을 구조화시키는 전형적 인간이라는 것이다. 이 큰 정치, 즉 에너지의 이동이라기보다는 결정의 순간으로서 대(大)정오의 정치는 미래라는 미지의 세계에 죽음을 가져다 준다.

힘들의 분석이 근본적인 양면성을 가능케 하면서 '의지'의 분석으로 변모되고 있다는 사실은 물론 앞장의 양면성을 반복한다. 그러나 하나의 차이를 제외하고 말이다. 여기서는 모든 것이 의지와 힘의 관계 문제인데, 앞장에서는 힘을 '본능'으로 고정시키는 문제였던 것이다. 그렇다면 니체에게 힘과 의지의 관계는 무엇인가? 본장의 결론으로서 세번째 평가인 '권력에의 의지'를 분석할 때이다.

3 권력에의 의지

권력에의 의지라는 이 재평가 개념은 니체의 철학을 세밀하게 구상화시켜 준다. 일부 사람들에게 그것은 니체 철학의 핵심 개념이다.[44] 우리는 지금까지 그것을 피해 오면서, 니체의 모험에 대해 다분히 힘들이라는 에너지적 표현들을 써서 이야기하였다. 이제 우리는 권력에의 의지가 어떤 의미에서 이 표현들을 나타내고, 어떤 의미에서 그것이 이 표현들을 단순화시키는지 고찰해야 한다. 그리하여 우리는 앞서 지적한 일탈과 같은 일탈들을 강조할 것이다.

《도덕의 계보학》에는, '권력에의 의지'라는 개념이 어떻게 형이상학의 파괴에 대한 니체의 대답을 구현하는지 모범적으로 보여 주는 매우 유명한 대목이 있다. 이 개념의 근본적 양면성의 위치를 설정하기 위해 이 대목 전체를 인용해 보자.

> 우리가 어떤 생리적인 기관(또는 법적 제도, 사회적 관습, 정치적 관례, 예술 형태나 종교적 예식)의 유용성을 전체적으로 자세히 이해하였다고 해서, 어떤 것을 그 근원에서 이해하였다고 결론내릴 수는 없다. (……) 사람들은 언제나 궁극적 원인에서, 한 사물·형태·제도의 유용성에서 이것들이 나타난 원인을 발견할 수 있다고 믿어 왔다. 그리하여 눈은 보기 위해, 손은 붙잡기 위해 만들어졌다는 것이다. 그러나 목적과 유용성은 결단코 어떤 권력에의 의지가 보다 힘이 약한 어떤 것에 지배력을 행사했고, 그것

에 자연적으로 하나의 기능의 의미를 각인시켰다는 표지에 불과한 것이다. 그러므로 하나의 '사물,' 하나의 기관, 하나의 관례의 역사 전체는 언제나 새로운 해석과 적용으로 이루어진 중단 없는 연쇄고리일 수 있다. 이 연쇄고리의 원인들은 반드시 서로 연결되지 않아도 되는 것이다. (……) 내가 역사적 방법에서 이 중요한 점을 지적하는 것은 이 점이 (……) 지배적인 본능들, 즉 모든 사건들에서 행사되는 권력에의 의지에 관한 이론보다는 이 사건들의 기계적인 부조리에 순응하기를 아직은 선호할 그런 지배적 본능들에 반대되기 때문이다. 지배하고 지배하고자 하는 모든 것에 대한 혐오, 즉 민주주의자들의 그 특이체질은 오늘날 가장 정확한 과학에까지 침투하였다. (……) 그것은 생리학과 생명의 이론 전체를 지배하는 정도까지 되었다. 그것이 이들에게 하나의 근본적 개념, 즉 엄밀하게 말해서 활동의 개념을 교묘하게 집어넣었다는 점에서 말이다. 이 특이체질의 압력을 받아 사람들은 '적응,' 다시 말해 부차적인 '활동,' 단순한 '반응성'을 가장 중요한 것으로 평가하고 있을 뿐만 아니라, 삶 자체를 외부 상황에 대한 보다 효율적인 내적 적응으로 정의하였다.(허버트 스펜서) 그러나 그렇게 함으로써 사람들은 삶의 본질인 권력에의 의지를 무시하고 있다. 그들은 자연 발생적이고, 공격적·정복적이며, 재해석·재조직하고 변모시키는 그런 성격을 지닌 힘들의 근본적 우위에 눈을 감아 버린다. '적응'이란 이것의 결과에 불과한 것이다.[45]

제Ⅰ장과 제Ⅱ장을 마친 우리는, 이 인용문의 처음의 논지를 매우 잘 알고 있다. 새로운 것은 니체가 시간 순서의 형이상학적 전복과, 이것들을 동반하는 생명과정의 단순화를 '권력에의 의지'로 환원시키고 있다는 것이다. 형이상학 이면에 있는 힘들의 영역은 여기서 하나의 '의지'로 간주되고 있다. 이 의지는 다음과 같은 두 가지 방식으로 이해된다.

 1) 하나의 차원에서 그것은 모든 힘들 가운데 우세한 해석이나 평가를 구성한다. 그러므로 그것은 다양한 힘들의 영역에서 하나의 힘 이외에 다른 것이 아니다. 즉 그것은 다른 힘들보다 더 강하기 때문에 다른 힘들을 조직하는 힘인 것이다. 그리하여 이 '의지'는 분명 게임중인 힘들의 어떤 조직화인 것이다. 달리 말하면, 그것은 우리가 지금까지 '힘들의 배치'라고 일컬어 왔던 것 바로 그것이다. 그러므로 우리가 힘들의 배치에 대해 말할 때마다, 니체는 이와 같은 의미에서 '권력에의 의지'라는 표현을 사용할 수 있을 것이다. 그렇지만 니체가 이 배치를 '의지'라고 부른다는 점은 결코 순진하지 않은 혼동을 조장한다.

 2) 또 하나의 차원에서 이 의지는 삶이 평가들로 이루어지게 만드는 삶의 운동 자체이다. 우리가 관심을 갖는 수준이 어떻든간에 말이다. (단세포 형태로부터 정의와 같이 가장 복잡한 인간 제도들에 이르기까지.) 다시 말해, 권력에의 의지는 또한 메타 평가(즉 2차적 성격의 평가)라는 것이다. 이 메타 평가에 따르면, 삶의 모든 것은 평가에 불과한 것이다. 이러한 의미에서 권력에의 의지는 단순히 힘들의 어떤 재조직화가 결코 아니라, 형이상학적 독트린의 근대적 변신들(기계론과 적응이론)을 '활동'의 이론으로 대체하는 독트린을 구성한다.[46] 삶은 끊임없이 성장히는 것, 지신을 확장시키기 위해

모든 장애물을 극복하는 것, 자신 안에 낯선 힘들을 받아들여 지배하는 것으로 간주된다. 이와 같은 독트린에 따라서, 니체는 삶의 운동을 '권력'에의 '의지'로 해석한다. 물론 이 의지는 주관적인 '의지'의 개념에 앞서 위치하거나, 이 개념보다 훨씬 일반적인 용어들 속에 위치한다. ('주관적인' 의지는 권력에의 의지가 낳은 역사적 결과에 불과하다.)

그래서 권력에의 의지를 이해하는 이와 같은 두 방식을 통해, 우리는 어떻게 이 개념이 우리가 '에너지론'이라 일컬었던 것의 대상을 지칭할 수 있는지 잘 알게 된다. 어떤 의미가 되었든 권력에의 의지는 활동적인 힘들의 열려진 영역을 나타낸다. 이 힘들의 모든 안정, 모든 배치는 문제된 차이들에 대한 일시적 '제압'을 구성한다. 권력에의 의지는 '조직화'(이것이 용어의 첫번째 의미이다)로서 이와 같은 '제압'을 지칭하거나, '지배'(두번째 의미)의 원리로서 제압을 지칭한다.

그러나 이 두 방식에서 우리는, 용어가 두 의미로 사용됨으로써 어떻게 그것들이 권력의 철학으로 일탈할 수 있는가를 알게 된다. 실제로 용어의 개념을 권력에의 의지가 파괴하게끔 되어 있는 형이상학적 사유의 내부로 귀결시킴으로써 두 개의 점차적인 변화가 가능하다. 하나는 삶의 일반적인 이론(두번째 의미)으로서의 '권력에의 의지'로부터, 특별한 배치(게임중인 충동들의 어떤 통일성──첫번째 의미)로서의 '권력에의 의지'로 변화하는 것이라고 할 수 있다. 두번째는 힘들의 배치로서의 권력에의 의지에 대한 후자의 개념으로부터, 그저 의지(우리가 제Ⅰ장에서 분석한 의지라는 용어의 전통적 의미로서)로 변화하는 것이다.

그런데 두번째 변화가 일어날 때, 힘들의 배치(게임중인 힘들을 조직화하는 것)는 하나의 유일한 의지로 퇴행할 수 있다. 이것이 우리가 앞에서 '초인'의 개념이 의지의 '큰 정치'로 바뀌어지는 현상과 더불어 보았던 것이다. 이와 같은 변화는 게임중인 힘들의 다양성을 단 하나의 힘의 방향으로 귀결시킨다.[47] 그것은 니체 철학의 '주의설적(主意說的)인' 측면을 설명한다. 두 경우의 변화가 동시에 일어날 때, 삶의 전반적 평가로서 권력에의 의지라는 개념은 힘들에 대한 존재론이 되는데, 이 존재론의 원천은 권력에의 의지이다. 그렇게 하여 권력에의 의지는 니체가 사유하고 싶은 것을 사유하기 위해 다른 것들보다 더 좋아하는 메타 평가가 되기보다는 삶의 본질이 된다. (《권력에의 의지》라는 사후에 나온 작품은 이러한 변화를 드러내는 단편들로 가득 차 있다. 니체가 자신의 계획을 포기했다는 사실은, 그가 이를 의식하고 있었다는 증거이다……)

제 I 장에서 우리가 고찰한 니체를 따른다면, 유일한 하나의 원천에서 나온 충동들을 탈선시키는 것이 형이상학의 행동 자체가 될 것이다. 왜냐하면 형이상학은 권력에의 의지를 변전 생성으로부터 벗어나 있는 개념으로 만들기 때문이다. 이 개념은 신·영혼, 또는 근대의 주체와 마찬가지로 비시간적인 원리이다. 이때 '권력에의 의지'에 따른 재평가는, 칸트의 철학식으로 선험적인 새로운 개념이라는 것이 명백하게 될 터이다!

그러므로 바로 권력에의 의지라는 개념이 다시 존재론적이 될 때, 니체는 그가 자유로운 정신들을 위한 3부작에서 파괴하려고 그도록 열중했던 형이상학의 함정에 다시 떨어진다. 형이상학에 대한 비판에서 그는 특히 시간의 형이상학적 전복을 목표로 하였고, 사건들의 맨 앞에 주관적인 의지를 위치시키는 것을 목표로 하였다. 이 두 행동은 사실 동일한 것이었다. 이제 '권력에의 의지'를 변전 생성으로부터 벗어난 가치로 만들면서, 니체는 그 자신이 역사를 축약하고 역사의 다양성과 복잡성을 그 자체가 역사적이 아닌 하나의 결정 주체로 다시 끌어가고 있다. 니체가 당연히 강조하고 있지만, 비록 권력에의 의지가 일반적 의미에서 '의지'(의지는 없고 힘들만이 있으며, 이 가운데 하나의 힘이 다른 힘들을 조직하며 지배하고 있는 것이다)를 구성하지 않는다 할지라도, 여기서 그는 변전 생성이라는 용어를 추상화시켜 역사로부터 벗어나게 함으로써 '의지'의 고전적 개념이 지닌 논리를 받아들이고 있다. 니체가 플라톤의 철학과 시간의 흐름 앞에서, 이 철학이 지닌 복수적 공포를 파괴하는 중심에 두 개의 세계가 다시 나타난다. 그것들은 권력에의 의지라는 세계와, 이 의지를 역사 속에 실현시키는 세계이다. 이와 같은 구분은 차례로 역사라는 재료 앞에서 니체가 느끼는 공포를 나타낸다.

우리의 깊은 사유들과 제도들의 역사적 근원을 드러내 보이고자 하는 계보학자와 관련하여, 아이러니는 이보다 더 날카로울 수가 없다. 그런데 힘들의 배치로서의 권력에의 의지가 유일한 의지라는 권력에의 의지로 이동하고, (또는) 존재론적 원리라는 권력에의 의지로 이동하는 변화들(앞서 언급한 변화들)은 이미 문화에 대한 니체의 분석 속에 편입된다. 달리 말하면, 일탈은 니체에게서 도처에 잠재되어 있는 것이다.

앞장에서 우리가 추적한 유대와 로마 사이의 이동은 이와 관련하여 모범적이다. 우리가 상기할 것은, 니체가 보기에 유대가 로마에 승리했다는 점이다. 이는 약자가 강자에게 거둔 형이상학적-그리스도교적 승리로서, 주체의 개념('영혼'의 개념 다음에 온)을 제시하는 힘들의 내면화에 의해 확보된 승리였다. 그런데 니체가 다른 곳에서 말하고 있다고 보여지는 점은, 오히려 로마가 빚과 벌 사이의 물질적 등가치를 극복함으로써 범죄자와 사회 사이의 관계를 정신화하면서, 권리를 지닌 주체의 근대적 개념을 형성하였다는 것이다. 이렇게 그의 작품 전체의 여러 다른 곳——이것들은 서로 연결되어 있지 않다——에서, 니체는 유대와 로마가 동시에 주체를 형성하기를 원하고 있는 것이다……. 모순이라 할 수밖에!

이 모순은 니체가 인간의 역사를 지나치게 문화적이며, 바로 말해 지나치게 인간적인, 다시 말해서 지나치게 '의도적인' 표현들로 분석하고 있다는 데에서 비롯된다. 마치 주체의 개념을 형성하고자 원했던 게 유대 민족이나 로마 민족이었던 것처럼 말이다. 그런데 사실 이 개념은 힘들의 어떤 복합체로부터 나온 것이며, 이 복합체는 인간화의 긴 과정을 포함하고 있지만 동시에 이 과정을 뛰어넘는 것이다. 우리가 상기할 것은, 강자를 이기기 위한 약자의 전략(행위를 주체와 술어로 분리하는 것)에 대한 니체의 기술(記述)이다. 이 전략은, 니체에 따르면 '로마 문화'와 '유대 문화' 사이의 이동을 나타낸다. 니체의 분석은, 인간 존재의 '내부에' 순환하는 힘들이라는 표현을 써서 근대의 주체를 만들어 낸 힘들의 복합체에 초점을 맞춤으로써, 역사를 '새시향화시킬' 위

힘이 있다. 게임중인 힘의 전략들에 이처럼 너무 인간적인 주의를 기울인 결과, 역사는 개별적인 의지들을 구현하는 '전형적 인간들'(유대인·그리스인·로마인·그리스도교인)이 판을 치는 무대가 된다. 그런데 역사를 재지향화시킬 수 있는 위험은, 극단적으로 나갈 경우 '큰 정치'라는 니체의 개념에 다다른다. 그러므로 권력에의 의지를 존재론화하는 것은 정서적 힘들에 대한 배타적 초점화와 함께 나아간다.

바로 여기서, 이와 같은 위험 속에서 우리가 다시 알게 되는 것은 '생리적인 것'과 '심리적인 것'(니체의 표현), 그리고 기술적인 것(따라서 경제적인 것과 사회적인 것)을 혼합하는 힘들이라는 표현을 통해 인간의 문화를 분석하는 중요성이다. 게다가 더 좋은 것으로 우리가 지금 알게 되는 것은 힘과 역사, 힘과 기술을 함께 고려하여, 본장이 도출한 니체의 시간의 윤리가 완벽하게 빛을 볼 수 있는 기회를 분명히 갖도록 하는 것이 중요하다는 점이다. 달리 말하면, 힘들의 완강한 복합체로서 형이상학의 이면에 위치하는 힘들을 분명히 드러내려는 목적은 단순히 방법론적이거나 인식론적이 아니다. 그것은 처음부터 윤리적이고 정치적이다.

본장의 마지막절에서 우리가 존재론화의 위험을 통해 보여 준 것은, 먼저 의지의 개념을 게임중인 힘들의 조직화에 고정시켜야 한다는 것이다. 이와 같은 행동은, 영원한 회귀와 초인이라는 두 개의 다른 평가가 열어 놓은 에너지적·시간적 지평의 범주 안에 이 개념을 다시 집어넣기 시작한다. 이 행동은 이러한 개념을 힘의 차이들이 역사로부터 벗어난, 어떤 충동적 원천으로 환원되는 것으로 간주하기보다는 역사를 조직적 능력으로 보는 니체를 따라간다. 이 능력은 힘들을 조직하면서 해방시킨다. 역사는 시간의 불가역적인 측면을 긍정하는 초인에 의해 구현된 힘이 되는 것이다. 이 힘은 적은 쪽보다는 많은 전망을 창출하고, 보다 많은 에너지의 방향을 설정하며, 보다 많은 시간을 창출할 수 있도록 다른 힘들을 배치한다. 이런 식으로 세 개의 재평가를 엮음으로써, 우리는 그것들을 시간이 미래로 다가오게 해주는 힘들처럼 나타나게 하는 것이다. 본절의 마지막 움직임을 따라서 이제 두번째로 확인해야 할 것은, 이러한 윤리가 그 자체로써 가능한 것은 오직 그것이 게임중인 힘들의 복합체를, 육체가 함축하는 인간의 '정체성'에 동시에 외재적이며 내재적인 것으로 분명히 드러낼 때에 한해서이다. 그런데 위에서 이 복합체를 권력에의 의지로 환원시킨 것이 니체의 오류라고 할지라도, '정신'과 '최상의 개인'에 대한 그의 계보적 기술(技術)이 확인시켜 주는 것은, 우리가 생각할 때 이와 같은 시간의 윤리가 인간 존재와 환경 '사이의' 관계의 연장 속에 분명히 들어간다는 것이다. 본장의 도입부에서 우리가 말했던 바와 같이 "니체가 보기에는 그렇기 때문에 우리가 계보적이 되면 될수록, 우리는 더욱 윤리적이 될 수 있는 기회를 많이 갖는다는 것이다."

IV

정신의 열매

실제로 정신이 가장 닮은 것은 위이다.[48]

 우리가 앞장에서 결론으로 말한 것은 시간에 대한 니체의 윤리가, 게임중인 힘들의 복합체가 진정으로 분명하게 드러나지 않고는 태어날 수 없다는 것이다. 우리가 앞장에서, 특히 영원한 회귀와 초인의 분석을 통해서 보았던 것은 이 윤리가 인간 유기체를 사건들에 보다 개방적으로 만드는 것으로 해석될 수 있다는 것이다. 비록 짧지만 이제 우리가 보여주어야 할 것은, 이러한 개방성이 처음부터 인간 유기체가 환경과 엮어내는 관계로 이루어진다는 것이고, 이 개방성의 심화, 즉 그것의 확장은 차례로 이 관계가 점점 더 유연해지고 불확정적으로 되는 데 있다는 것이다.

 그렇게 함으로써 우리는 형이상학에 대한 니체의 재평가를, 살아 있는 인간 유기체의 진화를 있는 그대로 특징짓는 관계의 연장 속에 위치시키게 되는 것이다. 그리하여 우리의 논지가 확인하게 될 것은, '선악을 넘어선' 계보학과 윤리학은 결국 같은 것이라는 바이다. 이 둘은 결국 역사적 자각으로 귀착되고, '기술적-에너지적' 힘들의 영역에 대한 긍정으로 귀착된다. 이 영역은 인간 유기체와 그의 환경, 그리고 그의 확장 사이의 관계에 다름아니다. 그러므로 니체에게서 모든 것은——존재론적·인식론적, 그리고 윤리적 차원에서——이와 같은 관계의, 그리고 이 관계가 드러내는 변화의 '특성' 속에서 이루어진다. 우리는 제II장에서 니체가 이 관계에 정신이라는 이름을 부여하고 있다고 이미 암시하였다. 우선 니체가 이 용어를 통해 무엇을 말하는지 상기해 보자.

1 유기체와 환경의 관계로서의 정신

니체에게 정신은 신경계통 전체를 지칭하고, 정신과 육체·의식과 본능·지성과 정서·뇌와 위 사이의 형이상학적 구분 이면에 자리잡는다. 이러한 의미에서 이 용어는 형이상학의 파괴가 이 개념들을 돌려보내는 힘들의 영역을 지칭한다. 그리하여 정신은 '권력에의 의지'라는 개념과 경쟁하면서——니체의 작품 속에서 이 둘은 흔히 함께 존재한다——자신의 고유한 역사에 의해 규정되기 때문에, 권력에의 의지가 기능하는 방식과 거리를 유지한다. 다시 말해, 그것은 자기 자신의 정신화의 역사에 다름아니다. 전체적 신경계통으로서 정신은 그것의 체계가 지닌 역사를 통해서 구성된다. 그것은 그것이 겪은 진화의 역사, 인간 유기체와 환경 사이에 얽어진 관계의 역사, 이 관계가 시간을 따라서 겪은 변화의 역사이다.[49] 이렇게 니체에 의해 재평가되고, 형이상학적 사유로부터 벗어나며, 또한 역사 속에 던져진 '정신'이라는 용어는 진정한 계보적 개념이 되는 동시에 재평가의 진정한 '벡터'가 된다.

이 개념은 '극히 경험적'(위에서 명시한 의미로)이다. 그리고 그것은 초월적인(선험적인) 것과 경험적인 것 사이의 모든 구분을 설명한다. 하지만 그것은 그것이 분명하게 드러내는 영역(권력에의 의지와 같은)에 초연하지도 않고, 이 영역으로 귀착되지도 않는다. (우리의 정신은 분명 우리에게 정신과 정신의 역사를 동시에 사유하게 해주며, 우리의 정신은 이 역사의 결과에 불과하다.) 정신의 역사는 시간의 흐름을 거슬러 올라가며 서술함으로써, 그것은 기술(記述)의 차원에서 볼 때 하나의 '계보학'이자 하나의 '에너지론'이다. 시간의 흐름을 아래로 추적함으로써, 그것은 변전 생성 자체의 차원에서 '자동-정신화'의 과정을 구성한다. 그러므로 신경계통으로 이해된 정신의 개념은 니체에게서 다음과 같은 것을 재통합한다. 1) 내부와 외부의 관계, 2) 이 관계의 분석을 도출하는 방법(계보학과 에너지론), 그리고 3) 이와 같은 도출이 약속하는 윤리(에너지=시간). 그러므로 이 세 개의 차원을 통과하면서, 정신은 니체적 의미에서 우리가 현재의 논지 단계에서 추구하고 있는 것에 답을 한다. 우리가 추구하고 있는 것은 외부와 내부의 구분을 뛰어넘는 표현을 통한 인간 진화의 평가이며, 이와 같은 평가 자체로부터 내재적으로 발생되는 윤리이다.

니체는 《도덕의 계보학》 두번째 시론에서 최고의 개인에 대해 묘사하는 가운데, 이와 같은 진화와 이 진화로부터 비롯되는 에너지의 배치를 개진한다. 그러므로 우리는 그의 묘사를 정신의 지평 속에 위치시키고, 이로 인해 그것이 특별한 장소, 즉 미래에 대한 긍정으로서 종말성의 실천이 정서적이고 기술적인 불가분의 용어들로 변모되는 그런 특별한 장소가 된다는 점을 설정한다.

2 기억과 지상권

우리가 상기해야 할 것은, 니체가 이 시론의 도입부에서 인간 존재와 동물 세계의 나머지 존재들 사이의 구분에 대해 이야기하고 있다는 점이다. 이 구분은 인간의 신경계통이 겪은 진화를 다른 척추동물의 진화로부터 벗어나게 하는 것이다. 그것은 니체가 보기에 우리가 지닌 약속의 능력 속에 있으며, 이 능력은 의사의 지속성과 '의지의 진정한 기억'[50]을 함축한다. 시간을 분절할 줄 알고 사건들을 가로질러 버틸 수 있는 능력의 결과인 이 기억은, 역사가 진행되어 오는 동안 인간의 모든 제도를 받쳐 주고 있는데, 이 모든 제도는 제도로서 지속되기 위해서 그것을 설립하는 약속의 기억에 의존한다.

이러한 능력은 단번에 오는 것이 아니다. 그것은 그 자체가 역사를 통해서 형태를 드러내며, 인간 존재를 중심으로 순환하는 에너지들을 대상으로 한 오랜 실습의 결과이다. 니체에 따르면 선사시대에는 이러한 실습이 '육체의 훈련'이라는 형태를 띠며, 이 훈련을 통해서 육체는 서서히 조직화되고 일반적 의미에서 우리가 정신이라 부르는 것을 고통스럽게 갖게 된다. 니체가 정신이라 부르는 것은, 정신과 육체의 형이상학적 대립을 인간 신경계통의 구조에 다시 집어넣은 상태에서 과정 전체를 말한다. 정신은 기술적-에너지적인 힘들의 영역을 지칭하며, 이 영역은 유기체와 환경의 관계가 지니는 성격을 규정한다. 왜냐하면 조직화되는 것은 육체의 에너지('원시적' 단계에서 신경계통)이고, 이 조직화가 주는 것은 기억('개화된' 단계에서 신경계통)이며, 조직하는 주체는 기억술(이를 통해서 신경계통이 진화하는 것으로, 신경계통의 모터)이기 때문이다. 여기서 우리가 이미 참조한 대목을 인용해 보자.

　어떻게 인간-동물에게 기억이 만들어지는가? 어떻게 순간의 무디고 혼탁한 그 지성 위에, 망각의 그 구현 위에 무엇인가를 충분히 각인시켜 현재로 남아 있도록 할 수 있는가? 우리가 생각할 수 있듯이 매우 오래 된 이 문제는 답을 통해서도, 매우 부드러운 수단을 통해서도 해결된 것이 아니다. 아마 분명 인간의 선사시대에서 기억술보다 더 무섭고 더 불안한 것은 없을 터이다. "사람들은 한 가지 사물이 기억에 남도록 하기 위해 빨갛게 달군 쇠붙이로 그것을 각인시킨다. 오직 계속해서 아픔을 주는 것만이 기억에 남는 것이다"――이것이 바로 지상에 있는 가장 오래 된 심리학의 격언들 가운데 하나이다. (……) 인간이 기억의 창조가 필요하다고 판단했을 때, 그것은 피를 흘리지 않고, 순교자가 없이는, 또한 희생이 없이는 결코 일어나지 않았다. 인류가 '나쁜 기억'을 가지게 되면 될수록, 인류의 관습이 드러내는 양상은 더욱 공포를 자아냈다. 특히 형법의 가혹함은 인류가 망각에 대한 승리자가 되기 위해, 그리고 정념과 욕망에 사로잡힌 당시 노예들의 기억 속에 사회 생활의 원초적 요구들이 현재로 유지되도록 하기 위해 겪은 어려움들을 평가하게 해준다.[51]

우리가 알게 되는 것은 한편으로는 기술의 힘들, 그리고 다른 한편으로는 육체의 힘들(니체는 이것들을 '생리학적' 또는 '심리학적' 힘들이라 일컫는다) 사이에 확립해야 할 아무런 구분이 없다는 것이다. 그보다 이 힘들은 기억을 창출하는 하나의 전체를 형성한다. 문명의 원천으로서 인간의 기억은 유기체와 환경의 관계로부터 비롯된다. 이 관계는 인간 육체 내부의 에너지와 외부로부터 오는 에너지 사이의 모든 구분을 선행하는, 힘들의 복합체가 이루어 내는 특이한 조직인 것이다. 인간에 고유한 것, 즉 약속을 할 줄 아는 능력은 단지 '기술적-에너지적' 분석만이 설명할 수 있는 힘들의 기술적인 실천이다.

그러므로 니체에게 기억은 내부와 외부의 모든 구분에 선행하여 기능하는 힘들의 영역을 나타낸다──그렇기 때문에 우리는 제Ⅱ장에서 이렇게 말했던 것이다. 기억이라는 용어로, 반복과 정규화라는 용어로 이해해야 하는 외부와 내부와의 관계는, 단순히 강자가 외부로 하는 발산과 그리고 한을 품은 인간이 에너지를 내부에 저장하며 발산을 연기하면서 내면화하는 과정, 이 둘 사이의 대립 이면에 들어가는 것이 아니다. 기억은 이러한 대립의 자리를 철저히 이동시킨다. 이제 우리가 확인할 수 있는 것은, 이 대립이 니체가 오직 '문화적' 관점에서 한 분석으로부터 비롯된다는 점이며, 정서적이고 기술적인 전체로서, 운동중인 신경계통으로서 기억에 대해 우리가 니체의 입장에서 제시한 묘사는 이 분석을 문제화시킨다. 왜냐하면 니체가 방금 우리에게 보여 준 것이, 육체의 내부와 외부에 순환하고 있는 에너지들은 인간과 환경의 관계로부터 생기고, 기억은 이 관계로 이루어진다는 것이기 때문이다. 힘들에 대한 계보적 분석은 형이상학적 사유의 이면에 존재하는 것이고, 이 사유를 넘어서 존재하는 것이다. 그런데 분석에서 이 에너지들을 분리한다는 것은 형이상학적 행동을 반복하는 것이고, 우리가 이야기하는 것, 즉 정신과 정신화를 망각하는 것이다.[52]

또한 정서들을 기술적으로 훈련시킨 결과로서 인간 존재와 환경의 관계는 더욱 유연해진다. 그는 자신을 덮치는 사건들에 대비할 능력을 더욱 갖추게 된다. 니체가 앞서 말하고 있듯이, 기억의 형성 덕분에 그는 '정념과 욕망에 사로잡힌 순간의 노예'가 더 이상 아니다. 그의 기억은 이러한 유연성 자체이다. 그러므로 기억은 인간 유기체가, 즉각적인 방식으로 그를 환경에 얽매이게 하는 육체적 측면들(생물학적 구속들)에 거리를 두면서, 자신을 둘러싸고 있는 환경으로부터 점점 더 벗어나는 능력을 나타낸다. 이러한 의미에서 기억은 유기체와 관련된 사건들의 즉각적인 힘을 연기시키는 실습의 결과이다. 니체가 보기에 인간적인 모든 것(역사·정서·사상——특히 형이상학까지 포함해서——그리고 미래)은 이와 같이 힘의 연기라는 표현을 통해 이해되어야 하고, 분절적으로 진술되어야 한다. 연기의 이와 같은 긴 과정이 뒤늦게 산출한 열매가 니체가 '최상의 개인'이라 일컫는 것이라면, 이제 우리는 이 개인의 지상권이 무엇으로 이루어지는지 잘 이해할 수 있다. 그것은 환경으로부터 가능한 한 '자율적'이 되는 능력 속에 있는 것이다. 자율(이 용어의 의미는 자기 자신에게 스스로 법을 부과한다는 것이다)은 고전적 의미에서 의지에 관한 문제가 아니다. 이러한 의미 이전에, 그것은 기억의 문제이다. (기억은 모든 의지의 가능성을 구성한다!) 그것은 기술적이고 동시에 정서적인 힘들에 관한 역사적 문제이다. 그러므로 그것은 도덕적 개념의 대상도 아니고, 금발의 동물이 열광적으로 터뜨린 그 무엇도 아니다.

니체가 보기에 자율이 긴 역사의 결과를 구성하고, 이 역사를 따라서 인간 유기체는 자신을 둘러싸고 있는 것에 대하여 거리를 두게 되는 것이라면, 자율은 그야말로 유기체와 환경 사이의 점점 더 개방적이고 점점 덜 확정적인 관계인 것이다. 앞장에서 이와 같은 표현을 사용하여 규정된 시간의 윤리는, 보다시피 힘들의 복합체──인간적인 것은 이 복합체로부터 나타난다. 하지만 그것은 단지 이 복합체에 속한다──에 들어가지 않을 수 없다. 왜냐하면 사건들의 도래에 대한 개방성은 이 윤리에 고유한 것으로 다음과 같은 관계로 시작한다. 인간적인 것은 언제나 이미 기술적·정서적 역사이고, 이 역사는 그것으로 하여금 고유한 모든 정체성을 뛰어넘게 만든다. 그러므로 우리가 앞장에서 권력에의 의지와 관련하여 고찰한 바와 같이, 이와 같은 외재성을 상실한다는 것은 인간의 미래를, 또한 구성하는 시간의 이타성을 상실하는 것이기도 하다. 인간의 미래는 그를 그 자신과는 다른 무엇에 동시에 항상 노출시키는 관계가 바로 그것인 것이다. 그렇기 때문에 비역사적인 충동의 발산에서 타자와의 관계를 폐쇄시킨 파시즘은 언제나 수명이 짧고, 항상 스스로 죽게 되지만, 바로 이러한 이유 때문에 쳐부수어야 하는 것이다. 미래에 대한 최고장의 이름으로, 우리가 보낸 유년기와 우리가 낳게 될 어린이들의 이름으로, 우리가 마음속에 우리보다 먼저 '받아들이는' 타인의 이름으로 말이다. 그리고 그렇기 때문에 최상의 개인은 또한 제Ⅱ장과 제Ⅲ장에서 다룬 애매성들을 극복하는 방식인 것이다. 왜냐하면 바로 이 지상권이 근대 민주주의의 가치들에 대한 니체의 진정한 재평가를 나타내고, 시간 속에서 그리고 시간을 위한 이 가치들의 '자동 소멸'을 나타내기 때문이다. 이 지상권, 그것은 신경계통의 정신화인 것이다.

3 약속과 소화

 이러한 맥락에서 최상의 개인이 지닌 에너지의 배치를 다시 그려 보기 위해, 인간이 지닌 약속의 능력에 대한 니체의 묘사를 다시 인용해 보자.

 그리하여 진정으로 약속을 할 수 있는 해방된 이 인간, 자유 의지를 지닌 이 지배자, 이 주권자는 약속을 할 수도 없고 자기 자신에 대해 책임을 질 수도 없는 모든 존재에 대해 진정한 우월권이 자신에게 보장되어 있다는 것을 알 수밖에 없을 것이다. 그는 이 우월권과 더불어 자기 자신에 대한 지배력, 상황과 자연에 대한 지배력, 그리고 보다 제한적인 의지를 지니고 신뢰가 덜 가는 존재들에 대한 지배력을 보장받은 것이다. (……) '자유로운' 인간, 지속적이고 제어할 수 없는 의지를 지닌 자는 이와 같은 소유 속에서 자신의 가치 표준을 찾아낸다. 다른 사람들을 쳐다보기 위해 그 자신만을 기준으로 삼음으로써, 그는 신뢰할 수 있는 사람들(약속을 할 수 있는 사람들)을 숙명적으로 존경하면서 (……) 타자들을 받들거나 경멸한다. 따라서 그는 지상권자로서 어렵게, 드물게, 서두르지 않고 약속을 하는 자들에 속하는 각자이고, 자신이 지닌 자신감의 현현이며, 자신의 말을 믿을 수 있는 무엇으로 제시하는 자들에 속하는 각자이다. 왜냐하면 그는 어떤 일이 있어도, 사고가 날지라도, '운명'이 가로막을지라도 이 약속을 지킬 만큼 자신이 충분히 강하다고 느끼기 때문이다. (……) 그는 약속이 자신들의 영역에 속하지 않는데도 약속을 하는 비참한 자들을 쫓아 버릴 준비가 되어 있는 자이다. (……) 책임이라는 비상한 특권에 대한 긍지에 찬 인식, 그 진귀한 자유의 의식, 자기 자신 및 운명에 대한 그 지배력의 의식은 그의 가장 내밀한 심층까지 뚫고 들어가 본능, (……) 즉 지배적인 본능의 상태로 넘어간 것이다. 그는 이것을 자신의 의식이라 부른다.[53]

최상의 개인이 지닌 약속의 능력은 인간 유기체와 환경이 맺은 개방적인 첫 관계의 연장을 구성한다. 이러한 의미에서 그는, 그 자체가 기술적이며 동시에 정서적인 오랫동안의 자기 훈련적 실천의 결과로서 나온 기술적이고 정서적인 힘들을 분명하게 합체시킨 것이다. 달리 말해서 처음부터 이 힘들이 인간 기억의 속성을 형성한다고 할지라도, 최상의 개인은 이 힘들 사이의 관계를 매우 잘 합체시켰을 뿐만 아니라 소화시켰기 때문에 그는 관계를 있는 그대로 실천한다. 이 '실천', 즉 최상의 개인이 드러내는 색깔, 그리스어로 그의 에토스는 그가 지닌 '에너지의 배치'에 다름아니다. 그것은 그가 구현하는, 힘들의 공동체라는 특별한 의미에서 그의 '의지'를 구성한다.

이 공동체는 에너지적으로 두 개의 양태에 따라 표현된다. 첫번째 양태를 보자. 사건들에 좌우되는 약자와는 반대로 최상의 개인은 외부의 자극들에 저항하며, 이 자극들의 힘을 연기시킨다. 그렇기 때문에 그는 약속을 할 수 있는 것이다. 이 저항은 내부를 두껍게 함으로써만 가능하며, 두껍게 하는 것은 그 자체가 내적 힘들의 조직화로부터 비롯된다. 우리가 고찰한 바와 같이 이 조직화가 부분적으로는 기술적이지만, 우리가 알 수 있는 것은 유기체가 다른 힘들을 이용함으로써만 외부의 어떤 힘들에 저항한다는 것이다. (외부에 대한 저항은 언제나 내부와 외부 사이의 사전관계라는 표현으로 이루어진다. 지상권은 이 관계들의 축적이고 정신적인 소화이다.) 약속 능력은 유기체와 환경의 관계로부터 비롯된다. 유기체가 자신의 '지상권'의 단계에서 다시 합체하고 소화하고 구현시킨 이 능력은, 그 자신의 내부에서 이 관계를 실천한다.

그러므로 최상의 개인이 약속하는 방법은, 타자와의 관계 배제(그의 주의설적인 거세)를 함축하는 것이 아니라 이 관계의 소화를 함축한다. 이 소화는 내부와 외부의 교대(헤겔적 의미에서 문제된 항들의 부인·보존, 그리고 변모)를 구성한다. 그것은 본능이 되어 육체의 근육 속에 다시 자리잡은 의식(……을 의식한다는 의미에서)이다. 따라서 최상의 개인은 인간의 신경계통을 설립하는, 기술과 정서의 관계를 두 의미에서 실천하는 에너지의 배치이다. 그는 자신과 환경의 관계를 점점 더 유연하게 만들기 위해 사건들을 연기한다. 그 이유는 단순히 그가 기억술의 결실이기 때문만이 아니라, 그가 이 테크닉의 결실로서 이 기술을 본능으로 자신의 육체 속에 재합체시키기 때문이다. 이러한 재합체는 니체에게서 책임이나 의식(도덕적 의미에서)으로 일컬어진다.

여기서 최상의 개인은 한을 품은 인간의 시간적 특징과 전사 강자의 특징(너무 많은 기억과 망각)을 복원시킨다. 그는 내부와 외부의 관계를 본능적으로 실천하면서 기억을 새기는 잔인한 과거를 내우 많이 소화하였기 때문에, 사건들을 변전 생성으로 되돌릴 수 있도록 이 사건들에 대응할 수 있고 잊을 수 있다. 그리하여 관계의 반복은 확장 속에서 새로운 것의 창조가 된다. 따라서 니체가 말하는 망각, 변전 생성의 순진무구함의 긍정, 미래에 대한 '긍정'은 기억작용의 서서한 역사적 과정 속에서만 이해될 수 있다. 이 과정은 기술적-에너지적 차원에서 적극적인 것과 반응적인 것 사이의 모든 대립을 초월한다. 달리 말하면, 여기서 최상의 개인에 대한 묘사는 시간·에너지 그리고 역사를 함께 엮어낸다.

두번째 양태를 보자. 우리가 두꺼우면 두꺼울수록 외부에 대한 저항은 더욱 외부와 내부의 새로운 관계가 된다. 개인은 외부의 사건들을 합체시킨다. 이는 그가 자신의 고유한 변전 생성 속으로 다시 돌진할 수 있도록 하기 위한 것일 뿐만 아니라, 그렇게 하면서 그와 관련을 맺은 사건들을 이 사건들의 고유한 변전 생성 속으로 다시 돌진시키기 위한 것이다. 저항은 자기 자신과 타자를 위한 창조가 되었다. 타자의 힘을 자신의 것으로 만들기 위해 타자를 합체시키면서 최상의 개인은 자신에게 시간을 부여한다. 그러나 시간을 부여하면서, 그는 타자에게도 시간을 부여하고 힘을 그 타자에게 분출한다. 그러므로 힘들의 공동체가 개인의 힘들을 증가시키기 위해 개인의 내부에 조직화되면 될수록, 하나의 공동체는 확장적이고 유연한 만큼 자기 주변에 자기를 위해 형성하는 기회를 더 많이 갖게 된다. 인간 유기체가 '자신의 근육 속에' 환경을 합체하면 할수록 더욱더 그는 창조적으로 이 환경을 변모시킨다. 최상의 개인이 지닌 에너지 배치의 이 두번째 양태는 첫번째 양태의 필연적 결과로서, 우리가 이미 여러 번에 걸쳐 언급했던 정의의 자동 소멸에 대한 묘사에서 확인된다. 그 타당성을 고려하며, 여기서 관련 패러그래프를 다시 한 번 인용해 보자.

> 한 공동체가 나타내는 힘과 개인적 의식이 증가하면, 형법은 항상 유연해지게 된다. 약화 현상이나 심층적 위험이 나타나자마자, 곧바로 형벌제도의 보다 엄격한 형태들이 다시 나타난다. '채권자'는 그가 부유해지는 것과 동일한 비율로 인간적이 된다. 결국 우리는 그가 괴로워하지 않고 견딜 수 있는 편견의 숫자로 그의 부를 측정하기까지 한다. 사회에 해를 끼친 자를 벌주지 않고 놓아두는 최고의 사치를 누릴 수 있는 정도까지, 자신의 지배력에 대한 의식을 지닌 그런 사회를 상상하는 것이 불가능한 것은 아니다. 이때 이 사회는 이렇게 생각할 수 있으리라. "요컨대 나에게 기생하는 자들이 뭐 그리 대단한가? 그들도 살아가고 번영해야 한다. 나는 그들에 대해 염려하지 않을 정도로 충분히 강하다!" (……) "모두가 용서받을 수 있고, 모두가 용서받아야 한다"라고 말하는 것으로 시작하는 정의는, 결국 채무를 지불할 수 없는 사람에 대해 눈감아 주고 방임한다. 그것은 이 세계에 있는 뛰어난 모든 것이 그러하듯이, 결국 스스로 소멸된다. 이와 같은 자동 소멸은 사면이라 불린다. 그것은 (……) 가장 강한 것이 지닌 특권, 즉 '법을 뛰어넘는 것'으로 존속한다.[54]

우리가 상기해야 할 것은, 니체에게 죄의식의 기원은 채무자가 채권자에게 갚아야 할 빚 속에 있다는 것이다. 물건들 사이의 등가관계는 이어서 죄와 벌이라는 관계로, 다음으로는 로마의 십이동판법의 선포에 의해 확립된 그것들의 비등가관계로 보다 정신적인 차원에서 반복된다. 이 인용문이 의미하는 바와 같은 정의는, 로마법의 선포를 더욱 전진시킨 정신화를 구성한다. 이제 우리가 덧붙일 수 있는 것은, 이 정신화가 낳은 공동체는 계보학적이고 기술적-에너지적 의미에서 본다면, 인간 유기체와 환경 사이의 최초 관계를 연장한 것에 지나지 않는다는 것이다. 정의는 기술(技術)로부터 비롯되는 것이다.

앞서 원용한 논지를 다시 들자면, 과거의 반복에 달라붙은 복수 정신과는 반대로 즉각적으로 행동하기를 거부하는 이 정의는 최상의 개인이 집단적으로 확장된 것에 불과하다. 개인적 자율을 구성하는 힘들의 공동체와, 자기의 존재와 관련된 사건들로부터 상처를 받지 않고 미래로 돌진하는 집단적 공동체는 서로의 연장인 것이다. 그렇기 때문에 이 패러그래프에 따르면, 초인의 재평가는 공동체를 목표로 하는 가치를 구성한다. 인간 유기체와 환경의 관계가 연장되는 것이 기술의 역사를 구성하기 때문에, 이 기술의 역사가 이 유기체로 하여금 자신의 정서들을 지배케 하고, 그렇게 하여 상처를 받지 않고 사건들에 자신을 열게 하기 때문에, 초인은 그가 지닌 기술적·정서적 힘들로 인해 집단적 미래인 것이다. 니체가 이야기하는 시간의 윤리는 기술적-에너지적 윤리이다.

우리는 우리가 전개해 온 해석의 끝에 거의 와 있다. 이제 마지막으로 지적할 것이 하나 남았다. 니체가 자신의 모든 재평가들을 위해 암시했듯이, 위에서 말하고 있는 것은 정의의 정신화가 정의의 자동 소멸이라는 것이다. 형식적 권리로서 정의가 극복되는 순간에(그렇지 않으면 각각의 죄는 과거의 영원한 반복 속에서 그에 따른 벌을 갖는다) 그것은 사면이 된다. 그것은 '가장 힘 있는 자의 특권'이다——이 힘 있는 자는 자신의 세계가 드러내는 즉각적인 양상에 대해 매우 큰 거리를 두었기 때문에, 고통받지 않고 이 세계를 사랑하기 위해 그 속에서 분명 자신을 되찾을 수 있는 인간이다. 이처럼 고통받지 않고 사랑할 수 있는 능력을 지님으로써 정신적 정의의 인간은 타자에게 사랑의 진정한 선물, 즉 시간의 선물을 제공할 수 있다.

우리가 제Ⅰ장과 제Ⅱ장에서 보았던 것은, 그리스도교가 니체에게는 형이상학적 허무주의의 운명을 나타냈다는 것이다. 그리스도교는 삶에 대한 '부정'이었고, 이 부정은 강하게 비육체적인 정신성의 형태로 자신의 힘들을 위장하고 있었다. 전사 강자만큼 강렬한 성직자, 그리스도교 문화를 준비했던 그 성직자는 자신의 모든 에너지들을 내부로 환원시켰고, 그렇게 하여 니체에 따르면 영혼의 내면성을 창조했다. 약속, 약속을 구현하는 존재, 그리고 이 존재가 창출하는 공동체, 이것들에 대해 우리가 제시한 기술적-에너지적 분석은 하나의 가치로 우리를 막 이끌었는데, 이 가치는 어떤 이들이 보기에는 니체가 대립하는 가치 자체를 나타낸다.

따라서 분석이 확인해 주는 것은, 니체의 이 대립은 그 자체가 니체가 기술(記述)하는 정신의 운동에 의해 부각되어 나타난다는 것이다. 그렇다고 '가장 힘 있는 자'의 사랑과, 위에서 예로 든 사면이 그리스도교의 사랑과 사면은 아니다. 니체가 보기에 그리스도교의 사랑은 연민의 정서에 토대를 두고 있다. 우리가 상기할 것(제Ⅰ장 참조)은, 연민이 이기주의의 반대라기보다는 자기 자신 앞에서 달아나는 도피와 무의식적이고 감추어진 형태라는 점이고, 따라서 니체가 보기에 연민보다 더 허약하고 더 이기주의적인 것은 없다는 점이다. 연민은 분명 타자에 대해 관용적 거리를 둘 수 없는 무능력이며, 외부의 사건들에 대항한 자기 도취적인 방어를 나타내는 징후이다. 이 방어가 이타주의의 개념 아래 가려져 있는 것이다. 그렇기 때문에 니체가 보기에, 우리가 타자를 사랑할 수 있는 것은 자기 자신을 사랑함으로써만 가능한 것이다. 위에서 인용한 가장 힘 있는 자의 경우가 바로 그런 경우이다. 이 모든 것이 말하고자 하는 것은, '사랑'이라는 그리스도교의 말 아래 목표로 삼아져야 할 모든 것(관용, 어린 시절, 시간의 증여)이 니체가 제시하는 재평가 속에서만 존재한다는 것이다. 이렇게 하여 형이상학의 파괴는 에너지적 의미 속에서 그것이 지닌 가치들을 완성한다.

  이러한 맥락에서 우리가 놀라지 않아야 할 것은, 니체가 광기에 빠지기 전에 쓴 마지막 텍스트의 이름이 《반그리스도》라는 점이고, 계획의 첫 책이 담은 내용으로서 '권력에의 의지' 대신에 '모든 가치들의 전환'을 내놓았다는 것이다. 이 텍스트는 요컨대 그리스도교의 재평가(정신화라는 앞서 언급한 의미에서)에 불과하다. 본서의 각 단계에서 힘에 관해 니체가 드러낸 양면성이 입증하듯이, 그의 광기는 아마 무엇보다도 그가 우리에게 제시하는 정신을 그 자신이 소화해 낼 수 없었다는 징후일 것이다.

결론

우리가 상기할 것은 《인간적인, 너무나 인간적인——자유로운 정신들을 위한 책》이, 니체가 삶을 이끌어 가는 힘들을 계보적으로 분절하여 분명히 밝히기 시작하는 텍스트라는 점이다. 이와 같은 분절 해명은 '과학적,' 그리고 '역사적' 용어들을 통해 구상된 것이다. 이 텍스트는 우리의 출발점을 구성했다. 그 이후부터 우리는 계보학의 이 두 사면을 에너지적, 그리고 기술적 용어들을 통해 표현했다. 그렇게 하여 우리가 보여 준 것은 계보학이 에너지의 배치로 귀결되고, 이 에너지의 배치는 발견된 힘들을 '극도로 도덕적인' 용어들로 역사를 통해서 표현하고 있다는 점이다. 그런데 《인간적인, 너무나 인간적인》의 제I부에는, 우리가 설명을 마친 이 모든 것에 이미 금욕주의적인 어투를 부여하는 대목이 있다. 결론을 내리기 위해 이 대목을 인용해 보자.

혁명의 이론에 들어 있는 하나의 환상——어떤 정치적·사회적 몽상가들은 모든 질서의 전복을 요구하는 데 열정과 웅변을 소모하고 있다. 그들은 곧바로 아름다운 인류의 가장 멋진 사원이, 말하자면 저절로 세워질 것이리라는 믿음을 가지고 있는 것이다. 이와 같은 위험한 몽상에는 루소가 지닌 미신의 메아리가 집요하게 버티고 있다.

루소는 인간성이 착하다고, 다시 말해 인간성이 본래 경이적으로 착하다고 믿고 있다. 그러나 이 착한 인간성이 말하자면 매몰되었다는 것이다. 그는 이 매몰의 책임을 국가・교육과 같은 사회 내에 있는 문명의 제도들 탓으로 돌리고 있다. 불행하게도 우리가 역사적 경험들을 통해서 알고 있는 것은, 이런 종류의 모든 전복이 먼 시대의 가장 야만적인 에너지・참혹함, 그리고 과격함을 부활시킨다는 것이다. 그리하여 분명 전복은 기진맥진한 인류 안에 있는 힘의 원천일 수 있지만, 인간성을 만드는 조정자・건축가・예술가・완전하게 하는 자일 수는 결코 없다는 것이다. 혁명의 낙관주의적 정신을 일깨운 것은 볼테르가 내세운 인간성, 즉 온건함과 바로잡고 순화시키고 수정해야 할 성향을 지닌 그 인간성이 아니다. 그것은 루소의 열정적인 광기와 반(半)거짓말이다. 나는 그 낙관주의적 정신에 반대해 이렇게 외친다. "비루한 것을 짓밟으시오!" 이 낙관주의 정신에 의해 계몽과 진보적 변화의 정신은 오랫동안 추방되었다. 계몽과 진보적 변화의 정신을——각자 마음속으로——상기시킬 수 있는 가능성이 있는지 보자![55]

각 주

1) 《즐거운 지식》, §108, in 《프리드리히 니체 전집》, J. 라코스트 및 J. 르 리데르 책임편집, 로베르 라퐁, 1993, tome 2, p.121. 본서에 실린 니체의 작품은 이 전집판을 인용할 터이나, 편의상 필요할 경우 그 번역을 일부 수정할 것이다. 이 전집판은 니체의 작품을 전2권으로 재편하였다. 니체의 원고에 가장 충실한 것은, 조르조 콜리와 마치노 몬티나리가 확립한 대(大)전집판(《철학전집》, 갈리마르, 1974-89, 전14권)이다.

2) 《차라투스트라는 이렇게 말했다》를 집필하는 동안, 니체 철학의 방향과 여자들과의 관계에 대해서 많은 것을 이야기할 수 있을 터이다. 그러나 이것은 여기서 다루지 않을 주제이다. 비록 본서의 제Ⅲ장에서, 이 텍스트에 나타나는 재평가에 대한 우리의 분석이 주제가 지닌 중요성을 평가하는 작업에 속한다 할지라도 말이다.

3) 독일 철학자 이마누엘 칸트(1724-1804)에 대한 암시이다. 칸트는 생전에 자신의 고향인 쾨니히스베르크를 떠난 적이 없다.

4) 《우상의 황혼》, 로베르 라퐁, tome 2, p.967.

5) 보다 분명하게 말하자면, 이러한 열광은 개념들이 어떠한 인식의 가능성도 선험적으로 제공하지 않는 대상들에 감정적으로 도달할 수 있다고 믿는 것이다. 가능성을 제공하지 않는 이유는, 이와 같은 대상들이 시간과 공간 속에 위치하지 않기 때문이다. 칸트에게 그러한 열광은 철학을 죽이는 것이다. 칸트의 〈예전에 철학에서 양자로 받아들인 그대의 대귀족론〉(1796), L. 기예르미 번역, 브랭, 파리, 1987 참조.

6) 니체에게 '도식화한다는 것'은, 세계를 이해할 수 있고 헤아릴 수 있도록 하기 위한 목적으로 이 세계에 형태들을 강제한다는 것이다.

7) 베네치아의 귀족(1467-1566)으로서 《장수를 위한 충고》(1558)의 저자.

8) 《우상의 황혼》, 〈네 개의 큰 오류〉, §1, tome 2, p.976.

9) 《도덕의 계보학》, 첫번째 시론, §13, tome 2, pp.793-4.

10) 니체에게 '정신'은 유기체로서 인간 전체이지, 형이상학에서 그런 것처럼 육체와 대립되는 것이 아니다. 우리는 이 점을 다시 다룰 것이다.

11) 이마누엘 칸트, "통상적 표현을 써서, 그것은 이론으로는 옳지만 실제에 있어서는 아무런 가치가 없을 수 있다"(1793), L. 기예르미 번역, 브랭, 파리, 1967.

12) 《여명》.

13) 《비극의 탄생》, §14, tome 1, p.84.

14) 니체의 사상이 플라톤 자신의 작품과 관련하여 매우 제한적이라 할지라도, 이 사상을 연장하게 될 경우 우리가 말할 수 있는 것은 이러한 승리가 예술을 감각기관의 부속물로 만들려 하고, (또는) 예술을 도덕에 종속시키려는 그의 한결같은 욕망 속에 모든 형이상학을 구조화시키고 있다는 것이다. 특히 30년대부터 20세기 사상가들이 예술에 보낸 매우 큰 관심의 주요 이유는, 이 관심이 형이상학적 전통을 뒤따르려는 모든 시도에 속하기 때문이다.

15) 특히 조르주 리베르, 〈니체와 음악〉, 《프리드리히 니체 전집》 서문, J. 라코스트판, 로베르 라퐁, 1993, pp.1452-552 참조.

16) 《인간적인, 너무나 인간적인》, 1권, §38, tome 1, p.468.

17) 이러한 문맥에서 중요하게 주목되는 것은 니체가 찰스 다윈과 동시대인이라는 점이며, 그가 다윈의 사상을 직접적으로는 알지 못했다 할지라도(그는 이보다는 오히려 허버트 스펜서와 같은 사회적 다윈주의자들의 사상과 자주 접촉했다) 다윈의 학설이 지닌 논리적 귀결을 철학적으로 매우 진지하게 받아들였다는 점이다.

18) 《즐거운 지식》, 1권, tome 2, p.11.

19) 이 주제의 훌륭한 전개에 관해서는 베르나르 스티글러의 《기술과 시간》, tome 1 및 2, 갈릴레, 1994 및 1996 참조.

20) 《여명》, 2권, §119, tome 1, p.1042.

21) 이 두 순간의 역사적 또는 전범적 가치는 많은 독자들에게 의심을 살 것이다. 그러나 우리는 이 장의 마지막 움직임까지 니체의 분

석에 충실해서 이 분석의 고유한 논리를 도출할 것이다.

22) 《도덕의 계보학》, 첫번째 시론, §13, tome 2, pp.793-4.

23) 같은 책, pp.790-1.

24) 이러한 맥락에서 언급해야 할 것은 《도덕의 계보학》이 형이상학적 도덕의 파괴가 되는 바로 그 순간에, 또한 정신의 대단한 성찰이 된다는 것이다. 니체에게 이 정신은 정신을 육체에 대립시키는 형이상학적 구분 이전에 자리한다. 파괴는 성찰과 함께 간다. 그래서 우리가 제Ⅰ장에서 드러낸 의식의 역사는 인간의 이와 같은 '정신화'에 속한다. 그렇기 때문에 두번째 시론의 도입부에 나오는 최상의 개인에 대한 초상은 작품 전체의 방향에서 아주 중요한 순간이다. 우리는 이 점을 마지막장에서 다시 다룰 것이다.

25) 《도덕의 계보학》, 두번째 시론, §9, tome 2, p.809.

26) 같은 책, 두번째 시론, §10, tome 2, p.816.

27) 같은 책, 두번째 시론, §1, tome 2, p.804.

28) 같은 책, 같은 곳.

29) 같은 책, 같은 곳.

30) 같은 책, 두번째 시론, §3, tome 2, p.806.

31) 미셸 푸코의 작품은 아마 니체의 텍스트가 드러내는 이러한 움직임에 가장 충실하다 할 것이다. (예를 들면 《감시와 처벌 —— 감옥의 탄생》, 갈리마르, 1975.) 그렇지만 그것은 이 움직임을 분절시키는 약속의 문제에는 관심을 보이지 않는다.

32) 《도덕의 계보학》, 두번째 시론, §2, tome 2, pp.804-5.

33) 헤겔에게 한 용어와 교대하는 것(relève는 특히 자크 데리다의 철학적 업적 이후로, 독일어 Aufhebung에 대한 일반적 번역으로 통용된다)은 그것의 부정과 보존을 동시에 함축하며, 따라서 그것을 새로운 존재 방식으로 옮겨 놓는 것을 함축한다.

34) 그러므로 강한 인간에 대한 이와 같은 개념 —— 이 개념은 니체의 초인(우리는 이 초인을 다음장에서 다시 다룰 것이다)의 위치를 설정하는 가장 흥미있는 방법이다 —— 은 역사적인 개념이지 신화소(mythème)가 아니다. 강한 인간은 문명의 귀결점을 나타내는 것이지 역사와 동떨어진 퇴행의 에너지적 결과가 아니다.

35) 《즐거운 지식》, 4권, §341, tome II, p.202.
36) 같은 책, §285, p.170.
37) 다음에 전개되는 부분은, 하이데거가 《사유하는 것을 무어라 부르는가?》(G. 그라넬 번역, 퓌프, 1959)에서 니체 작품을 해석하는 책 읽기에 크게 힘입고 있다. 그러나 우리는 그가 '의지'의 개념을 형이상학으로 환원시키는 데는 거리를 두고자 한다.
38) 《차라투스트라는 이렇게 말했다》, tome II, p.393.
39) 같은 책.
40) 같은 책, 제Ⅲ부, tome 2, p.407.
41) 《반그리스도》, §57, tome 2, p.1096.
42) 같은 책, §3, p.1042.
43) 《선악의 피안》, §208, tome 2, p.657.
44) 우리가 서문에서 언급한 것을 다시 인용한다면, 니체의 사후에 나온 《권력에의 의지》(초판 1901년)는 그의 누이에 의해 출간된 것인데, 이 누이는 니체가 1885년에 초안을 잡은 플랜에 입각하여 권력에의 의지라는 주제 아래 사후의 단편들을 재구성하였다. 니체는 이후 이 계획을 1888년 8월말에 포기하고, 다른 계획(모든 가치들의 수렴)으로 대체하였다. 이 다른 계획의 첫 저서가 《반그리스도》라는 작품이었다. (보다 자세한 내용은 마치니 몬티나로의 《'권력에의 의지'는 존재하지 않는다》, 파트리샤 파라치·미셸 발렝시 번역, 레클라 출판사, 1996을 참조할 것.) 이 새로운 계획에서 '권력에의 의지'라는 재평가의 중요성은 영원한 회귀의 중요성에 밀려난다. 그러므로 니체의 전작품에서 권력에의 의지라는 개념에 특권을 부여한다는 것은 아마 수상쩍다 할 것이다. (그리고 당시 반유대인 운동과 결합하였던 니체의 누이의 경우처럼 어떤 동기가 작용했다 할 것이다.) 그런데 '권력에의 의지'가 그의 철학에서 차지하는 역할이, 《권력에의 의지》라는 책이 나오기 전에도 매우 결정적이었기 때문에 이 역할은 무시될 수 없다. 권력에의 의지라는 표현의 중요성에 대한 이와 같은 이중의 평가가 우리로 하여금 그것의 위치를, 동일한 것의 영원한 회귀라는 독트린에 대한 설명을 한 후, 그것이 지닌 근본적 양면성 속에 위치시키게 만든다.
45) 《도덕의 계보학》, 두번째 시론, §12, tome 2, pp.819-20.

46) 그러므로 바로 '권력에의 의지'라는 개념을 가지고, 니체는 자유로운 정신들을 위한 3부작 이후로 당시의 자연과학을 '실증주의'라고 비난한다. 그가 보기에 이 과학은 실제 상황들을 구성하는 힘들에 대한 분석을 배제하고, 이 상황들에 주의를 기울인다. 이 비난은 19세기 후반 자연과학의 지배적 철학에 관해서는 합당하지만, 동시에 오늘날의 기술적 현실에 관해서는 부당하다. 이 기술적 현실은 자연과학으로 하여금, 자연과학이 연구 결과를 설명하기 위해 19세기에 이용했던 개념들의 규모를 훨씬 뛰어넘는 규모로 힘들을 분석하도록 유도하기 때문이다. 그렇기 때문에 우리는 니체의 계보학에서 과학적 사면의 중요성을 강조하였던 것이다. 이 중요성은 다시 매우 시사적이 된 것이다.

47) 우리는 여기서 '방향'이라는 단어를 전반적인 방향(힘들의 통일성)과 시간·공간에서의 방향이라는 두 의미로 사용한다. 두번째 의미에서, '활동'으로서 삶의 평가는 역사의 힘들을 구성하는 역할에 대한 니체의 과소평가를 받쳐 주고 있다. (아니면 그보다, 그것은 삶이 지닌 본질적 기술성을 그 자체로서 잘 이해하지 못하는 것이다.)

48) 《선악의 피안》.

49) 우리가 생각하기에 '관계'라는 용어는, 유기체와 환경 사이의 개방성을 지칭하는 데 보다 더 적절한 용어이다. 그러나 이 개방성은 내부와 외부의 모든 구분, 그리고 내부와 외부 '사이의' 모든 관계를 선행한다. 우리가 여기서 언어를 창출했지만, 이 언어를 완전히 뛰어넘는 과정을 지칭하기 위해 비유적 용어로 말한다고 해서 놀랄 필요는 없을 것이다.

50) 《도덕의 계보학》, 두번째 시론, §1, tome 2, p.804.

51) 같은 책, 두번째 시론, §3, tome 2, p.806.

52) 그렇기 때문에 결국 '기술적-에너지적'이란 표현은 군말인 것이다. 에너지론은 처음부터 기술과 관련되어 있는 것이다. 이 표현은 더군다나 매우 보기 흉하다! 그러나 그것은 독서의 전략에 속하고, 이 전략 덕분에 니체의 텍스트에서 가장 흥미있는 층위가 밝혀진다고 생각된다.

53) 《도덕의 계보학》, 두번째 시론, §2, tome 2, p.805.

54) 같은 책, 두번째 시론, §10, tome 2, p.816.
55) 《인간적인, 너무나 인간적인》, 1권, §463, tome 1, p.644.

참고 문헌

Andreas-Salomé, L., *Friedrich Nietzsche à travers ses œuvres*, Grasset, 1992.

Halevy, D., *La vie de Friedrich Nietzsche*, Calmann-Lévy, s.d.

Collectif, *Nietzsche aujourd'hui?*, Actes du Colloque de Cerisy(juillet 1972), Union Générale d'Editions, 1973.

Collectif, *Pourquoi nous ne sommes pas nietzschéens*, Grasset, 1991.

Deleuse, G., *Nietzsche et la philosophie*, PUF, 1962.

Heidegger, M., 〈Le mot de Nietzsche 'Dieu est mort'〉 in *Chemins qui ne mènent nulle part*, trad. W. Brokmeister, Gallimard, 1962.

Klossowski, S., *Nietzsche et le cercle vicieux*, Mercure de France, 1969.

Lenain, T., *Pour une critique de la raison ludique: essai sur la problématique nietzchéenne*, Vrin, 1993.

Montinaro, M., 〈*La volonté de puissance*〉 *n'existe pas*, trad. P. Farazzi et M. Valensi, Editions de l'éclat, 1996.

역자의 말

금세기에 가장 지대한 영향을 미친 19세기 서양 철학자를 꼽으라고 한다면 대부분 마르크스와 니체라고 할 것이다. 그러나 소련과 동구권의 붕괴와 더불어 자본주의의 승리를 돌아보고, 세기말의 전환점에서 21세기를 내다볼 때, 니체의 영향력이 마르크스를 뛰어넘고 있다고 말할 수 있으리라. 니체의 철학이 지닌 힘은 무엇일까? 그것은 그의 실존적 인간 탐구가 지닌 깊이와 전망이 시대를 뛰어넘어 항구적 울림을 간직하고 있기 때문일 것이다. 특히 금세기 하나의 종교가 되다시피 한 정신분석학의 선구자로서, 그의 심층적 통찰력과 포스트모더니즘의 출발점으로서의 철학은 현대 문명이 안고 있는 문제들에 예언적 진단을 내린 것으로 평가되고 있다.

세기말적 징후로서 종교적인 것의 회귀가 두드러지는 작금의 상황을 보면서, 종교의 반대편에 서 있는 니체의 철학과 마주한다는 것은 신앙인이나 무신론자나 자신의 세계를 돌아보는 계기가 될 수 있을 것이다. 대립되는 세계를 모르고, 어떻게 나의 세계가 스스로를 방어할 수 있는 깊이를 획득할 수 있겠는가? 사실 니체를 모르고 금세기를 논하고 미래를 논한다는 것은, 알맹이가 빠졌다고 할 정도로 20세기에 그의 사상은 폭넓게 영향을 미쳐 왔고 지금도 미치고 있다. 그의 사상은 현대의 교양인이라면 반드시 한 번은 넘어야 할 존재의 강이라 할 수 있으리라. 이 강을 넘을 때 새로운 정신의 지평과 만날 수 있다. 그 지평이 '초인'적인 것이 아니라 종교적인 것이라 할지라도 말이다.

니체 작품의 번역서들도 나와 있고 작품에 대한 연구서들 또한 나와 있지만, 그가 금세기에 몰고 온 가공할 폭풍을 고려할 때 그 양이 결코 많다고는 할 수 없다. 그만큼 선택의 폭이 좁다는 말이 된다. 본서는 니체의 철학에 대한 소개서이자 연구서이다. 이 책은 독자들이 선택할 수 있는 폭을 조금이라도 넓혀 니체의 사상에 다가갈 수 있게 해준다는 점에서 우선 소개서로서 가치가 있다. 특히 방대한 사상을 압축하여 포켓판 정도로 제시한 것은 시간이 많지 않은 독자들에게 좋은 입문서가 될 수 있다. 니체의 철학이 신의 죽음을 선언함과 더불어 기존의 모든 형이상학을 파괴하고, 이를 대체하는 새로운 거대 담론을 제시하고 있다는 것은 주지의 사실이다. 이 담론의 주요 개념들은 우리에게 잘 알려진 동일한 것의 영원한 회귀, 초인, 권력에의 의지와 같은 것들이다. 본서는 연구서로서 이러한 주요 개념들을 포함한 니체의 모든 철학을 계보학적 방법의 두 사면인 과학적 사면과 역사적 사면을 통해 분석하면서, 모든 것을 에너지와 기술의 차원으로 환원시킨다. 이 점은 그것이 공시적 측면과 통시적 측면을 동시에 고려한다는 것을 의미한다. 그러면서 그것은 이 철학이 지닌 애매성과 위험성을 드러내고, 동시에 이것들이 어떻게 내재적으로 극복되는지 보여 준다. 그리하여 그것은 이 철학이 지닌 모순적 운동들에 충실하면서, 이것들이 엮어내는 역동적 움직임을 통해 인간과 시간과 세계의 관계가 새로운 지평 위에 열리고 있음을 드러낸다.

독자는 모든 것이 시간과 공간 속에서 게임중인 내재적·외재적 힘들──생명의 힘들──의 배치와 방향의 결과라는 에너지론을 전개하는 저자를 따라가면서, 그동안의 인식틀에 대한 전면적 수정을 요청받을 수 있다. 우리의 사유를 가능케 해준 관념들에 대한 총체적 반성과 더불어, 사고의 코페르니쿠스적 전환을 요구하는 니체의 철학에 입문함으로써 세상을 거꾸로 보는 방법적 입문이 이루어질 수 있다면, 이것은 '익숙한 것과의 결별'을 통한 창조성의 발휘가 그 어느 때보다도 필요한 시대에 이 책이 주는 귀중한 선물이 될 것이다.

역자는 이미 니체의 철학을 다른 각도에서 연구한 《심층심리학자 니체》를 번역한 바 있다. 당시 번역에 어려움을 많이 느껴 졸역을 내놓았으나, 이번에도 졸역을 하지 않았나 염려가 된다. 하지만 이번에는 좀더 나으리라는 기대를 갖는다. 독자들이 본 역서를 어렵지 않게 읽어 주기를 바라는 마음뿐이다.

1999년 10월 김 웅 권

김웅권

한국외국어대학교 불어과 졸업
프랑스 몽펠리에 3대학 불문학 박사
학위논문: 〈앙드레 말로의 소설 세계에 있어서
의미의 탐구와 구조화〉
저서:《앙드레 말로─소설 세계와 문화의 창조적 정복》
역서:《심층심리학자 니체》《이별》
《천재와 광기》《순진함의 유혹》《상상력의 세계사》

니체 읽기

초판발행: 1999년 11월 20일

지은이: 리샤르 비어즈워스
옮긴이: 김웅권
펴낸이: 辛成大
펴낸곳: 東文選

제10-64호, 78. 12. 16 등록
서울 종로구 관훈동 74번지
전화: 737-2795
팩스: 723-4518

편집 설계: 韓仁淑

ISBN 89-8038-092-5 04160
ISBN 89-8038-050-X (세트)

【東文選 現代新書】

1	21세기를 위한 새로운 엘리트	FORESEEN 연구소 / 김경현	7,000원
2	의지, 의무, 자유	L. 밀러 / 이대희	6,000원
3	사유의 패배	A. 핑켈크로트 / 주태환	7,000원
4	문학이론	J. 컬러 / 이은경·임옥희	7,000원
5	불교란 무엇인가	D. 키언 / 고길환	6,000원
6	유대교란 무엇인가	N. 솔로몬 / 최창모	6,000원
7	20세기 프랑스 철학	E. 매슈스 / 김종갑	8,000원
8	강의에 대한 강의	P. 부르디외 / 현택수	6,000원
9	텔레비전에 대하여	P. 부르디외 / 현택수	7,000원
10	고고학이란 무엇인가?	P. 반 / 박범수	근간
11	우리는 무엇을 아는가	T. 나겔 / 오영미	5,000원
12	에쁘롱	J. 데리다 / 김다은	7,000원
13	히스테리 사례분석	S. 프로이트 / 태혜숙	7,000원
14	사랑의 지혜	A. 핑켈크로트 / 권유현	6,000원
15	일반미학	R. 카이유와 / 이경자	6,000원
16	본다는 것의 의미	J. 버거 / 박범수	근간
17	일본영화사	M. 테시에 / 최은미	근간
18	청소년을 위한 철학교실	A. 자카르 / 장혜영	7,000원
19	미술사학 입문	M. 포인턴 / 박범수	근간
20	클래식	M. 비어드·J. 헨더슨 / 박범수	6,000원
21	정치란 무엇인가	K. 미노그 / 이정철	6,000원
22	이미지의 폭력	O. 몽젱 / 이은민	8,000원
23	청소년을 위한 경제학 주요 개념	J. C. 두루엥 / 조은미	근간
24	순진함의 유혹	P. 브뤼크네르 / 김웅권	근간
25	딸에게 들려 주는 작은 경제학	A. 푸르상 / 이은민	근간
26	부르디외사회학 기초강의	P. 보네비츠 / 문경자	근간
27	돈은 하늘에서 떨어지지 않는다	K. 아른트 / 유영미	6,000원
28	상상력의 세계사	R. 보이아 / 김웅권	근간
29	지식을 교환하는 새로운 기술	A. 벵또릴라 外 / 김혜경	6,000원
30	니체읽기	R. 비어즈워스 / 김웅권	근간
31	노동, 교환, 기술	B. 데코씨스 / 신은영	근간
32	미국만들기	R. 로티 / 임옥희	근간
33	연극의 이해	A. 쿠프리 / 장혜영	근간
34	라틴문학의 이해	J. 가야르 / 김교신	근간
35	여성적 가치의 선택	FORESEEN연구소 / 문신원	근간
36.	동양과 서양 사이	L. 이리가라이 / 이은민	근간

【東文選 文藝新書】

1	저주받은 詩人들	A. 뻬이르 / 최수철·김종호	개정근간
2	민속문화론서설	沈雨晟	40,000원
3	인형극의 기술	A. 훼도토프 / 沈雨晟	8,000원
4	전위연극론	J. 로스 에반스 / 沈雨晟	12,000원
5	남사당패연구	沈雨晟	10,000원
6	현대영미회곡선(전4권)	N. 코워드 外 / 李辰洙	각 4,000원
7	행위예술	L. 골드버그 / 沈雨晟	10,000원
8	문예미학	蔡 儀 / 姜慶鎬	절판
9	神의 起源	何 新 / 洪 熹	16,000원
10	중국예술정신	徐復觀 / 權德周	18,000원
11	中國古代書史	錢存訓 / 金允子	14,000원
12	이미지	J. 버거 / 편집부	12,000원
13	연극의 역사	P. 하트놀 / 沈雨晟	12,000원
14	詩 論	朱光潛 / 鄭相泓	9,000원
15	탄트라	A. 무케르지 / 金龜山	10,000원
16	조선민족무용기본	최승희	15,000원
17	몽고문화사	D. 마이달 / 金龜山	8,000원
18	신화 미술 제사	張光直 / 李 徹	10,000원
19	아시아 무용의 인류학	宮尾慈良 / 沈雨晟	8,000원
20	아시아 민족음악순례	藤井知昭 / 沈雨晟	5,000원
21	華夏美學	李澤厚 / 權 瑚	15,000원
22	道	張立文 / 權 瑚	18,000원
23	朝鮮의 占卜과 豫言	村山智順 / 金禧慶	15,000원
24	원시미술	L. 아담 / 金仁煥	9,000원
25	朝鮮民俗誌	秋葉隆 / 沈雨晟	12,000원
26	神話의 이미지	J. 캠벨 / 扈承喜	근간
27	原始佛敎	中村元 / 鄭泰爀	8,000원
28	朝鮮女俗考	李能和 / 金尙憶	12,000원
29	朝鮮解語花史	李能和 / 李在崑	25,000원
30	조선창극사	鄭魯湜	7,000원
31	동양회화미학	崔炳植	9,000원
32	性과 결혼의 민족학	和田正平 / 沈雨晟	9,000원
33	農漁俗談辭典	宋在璇	12,000원
34	朝鮮의 鬼神	村山智順 / 金禧慶	12,000원
35	道敎와 中國文化	葛兆光 / 沈揆昊	15,000원
36	禪宗과 中國文化	葛兆光 / 鄭相泓·任炳權	8,000원
37	오페라의 역사	L. 오레이 / 류연희	12,000원

38 인도종교미술	A. 무케르지 / 崔炳植	14,000원
39 힌두교 그림언어	안넬리제 外 / 全在星	9,000원
40 중국고대사회	許進雄 / 洪 熹	22,000원
41 중국문화개론	李宗桂 / 李宰碩	15,000원
42 龍鳳文化源流	王大有 / 林東錫	17,000원
43 甲骨學通論	王宇信 / 李宰錫	근간
44 朝鮮巫俗考	李能和 / 李在崑	12,000원
45 미술과 페미니즘	N. 부루드 外 / 扈承喜	9,000원
46 아프리카미술	P. 윌레뜨 / 崔炳植	절판
47 美의 歷程	李澤厚 / 尹壽榮	22,000원
48 曼茶羅의 神들	立川武藏 / 金龜山	10,000원
49 朝鮮歲時記	洪錫謨 外/李錫浩	30,000원
50 하 상	蘇曉康 外 / 洪 熹	8,000원
51 武藝圖譜通志 實技解題	正 祖 / 沈雨晟·金光錫	15,000원
52 古文字學 첫걸음	李學勤 / 河永三	9,000원
53 體育美學	胡小明 / 閔永淑	10,000원
54 아시아 美術의 再發見	崔炳植	9,000원
55 曆과 占의 科學	永田久 / 沈雨晟	8,000원
56 中國小學史	胡奇光 / 李宰碩	20,000원
57 中國甲骨學史	吳浩坤 外 / 梁東淑	근간
58 꿈의 철학	劉文英 / 河永三	15,000원
59 女神들의 인도	立川武藏 / 金龜山	13,000원
60 性의 역사	J. L. 플랑드렝 / 편집부	18,000원
61 쉬르섹슈얼리티	W. 챠드윅 / 편집부	10,000원
62 여성속담사전	宋在璇	18,000원
63 박재서희곡선	朴栽緒	10,000원
64 東北民族源流	孫進己 / 林東錫	13,000원
65 朝鮮巫俗의 硏究 (상·하)	赤松智城·秋葉隆 / 沈雨晟	28,000원
66 中國文學 속의 孤獨感	斯波六郎 / 尹壽榮	8,000원
67 한국사회주의 연극운동사	李康列	8,000원
68 스포츠 인류학	K. 블랑챠드 外 / 박기동 外	12,000원
69 리조복식도감	리팔찬	10,000원
70 娼 婦	A. 꼬르뱅 / 李宗旼	20,000원
71 조선민요연구	高晶玉	30,000원
72 楚文化史	張正明	근간
73 시간 욕망 공포	A. 꼬르뱅	근간
74 本國劍	金光錫	40,000원
75 노트와 반노트	E. 이오네스코 / 박형섭	8,000원

76	朝鮮美術史硏究	尹喜淳	7,000원
77	拳法要訣	金光錫	10,000원
78	艸衣選集	艸衣意恂 / 林鍾旭	14,000원
79	漢語音韻學講義	董少文 / 林東錫	10,000원
80	이오네스코 연극미학	C. 위베르 / 박형섭	9,000원
81	중국문자훈고학사전	全廣鎭 편역	15,000원
82	상말속담사전	宋在璇	10,000원
83	書法論叢	沈尹默 / 郭魯鳳	8,000원
84	침실의 문화사	P. 디비 / 편집부	9,000원
85	禮의 精神	柳 肅 / 洪 熹	10,000원
86	조선공예개관	日本民芸協會 편 / 沈雨晟	30,000원
87	性愛의 社會史	J. 솔레 / 李宗旼	12,000원
88	러시아 미술사	A. I. 조토프 / 이건수	16,000원
89	中國書藝論文選	郭魯鳳 選譯	18,000원
90	朝鮮美術史	關野貞	근간
91	美術版 탄트라	P. 로슨 / 편집부	8,000원
92	군달리니	A. 무케르지 / 편집부	9,000원
93	카마수트라	바짜야나 / 鄭泰爀	10,000원
94	중국언어학총론	J. 노먼 / 全廣鎭	18,000원
95	運氣學說	任應秋 / 李宰碩	8,000원
96	동물속담사전	宋在璇	20,000원
97	자본주의의 아비투스	P. 부르디외 / 최종철	6,000원
98	宗敎學入門	F. 막스 뮐러 / 金龜山	10,000원
99	변 화	P. 바츨라빅크 外 / 박인철	10,000원
100	우리나라 민속놀이	沈雨晟	15,000원
101	歌 訣	李宰碩 편역	20,000원
102	아니마와 아니무스	A. 융 / 박해순	8,000원
103	나, 너, 우리	L. 이리가라이 / 박정오	10,000원
104	베케트 연극론	M. 푸크레 / 박형섭	8,000원
105	포르노그래피	A. 드워킨 / 유혜련	12,000원
106	셸 링	M. 하이데거 / 최상욱	12,000원
107	프랑수아 비용	宋 勉	18,000원
108	중국서예 80제	郭魯鳳 편역	16,000원
109	性과 미디어	W. B. 키 / 박해순	12,000원
110	中國正史朝鮮列國傳 (전2권)	金聲九 편역	120,000원
111	질병의 기원	T. 매큐언 / 서일·박종연	12,000원
112	과학과 젠더	E. F. 켈러 / 민경숙·이현주	10,000원
113	물질문명·경제·자본주의	F. 브로델 / 이문숙 外	절판

114	이탈리아인 태고의 지혜	G. 비코 / 李源斗	8,000원
115	中國武俠史	陳 山 / 姜鳳求	12,000원
116	공포의 권력	J. 크리스테바 / 서민원	근간
117	주색잡기속담사전	宋在璇	15,000원
118	죽음 앞에 선 인간 (상·하)	P. 아리에스 / 劉仙子	각권 8,000원
119	철학에 관하여	L. 알튀세르 / 서관모·백승욱	10,000원
120	다른 곳	J. 데리다 / 김다은·이혜지	8,000원
121	문학비평방법론	D. 베르제 外 / 민혜숙	12,000원
122	자기의 테크놀로지	M. 푸코 / 이희원	12,000원
123	새로운 학문	G. 비코 / 李源斗	22,000원
124	천재와 광기	P. 브르노 / 김웅권	13,000원
125	중국은사문화	馬 華·陳正宏 / 강경범·천현경	12,000원
126	푸코와 페미니즘	C. 라마자노글루 外 / 최 영 外	16,000원
127	역사주의	P. 해밀턴 / 임옥희	12,000원
128	中國書藝美學	宋 民 / 郭魯鳳	16,000원
129	죽음의 역사	P. 아리에스 / 이종민	13,000원
130	돈속담사전	宋在璇 편	15,000원
131	동양극장과 연극인들	김영무	15,000원
132	生育神과 性巫術	宋兆麟 / 洪 熹	20,000원
133	미학의 핵심	M. M. 이턴 / 유호전	14,000원
134	전사와 농민	J. 뒤비 / 최생열	18,000원
135	여성의 상태	N. 에니크 / 서민원	22,000원
136	중세의 지식인들	J. 르 고프 / 최애리	18,000원
137	구조주의의 역사(전4권)	F. 도스 / 이봉지 外	각권 13,000원
138	글쓰기의 문제해결전략	L. 플라워 / 원진숙·황정현	18,000원
139	음식속담사전	宋在璇 편	16,000원
140	고전수필개론	權 瑚	16,000원
141	예술의 규칙	P. 부르디외 / 하태환	23,000원
142	사회를 보호해야 한다	M. 푸코 / 박정자	16,000원
143	페미니즘사전	L. 터틀 / 호승희	26,000원
144	여성심벌사전	B. G. 워커 / 편집부	근간
145	모데르니테 모데르니테	H. 메쇼닉 / 김다은	근간
146	눈물의 역사	A. 벵상뷔포 / 김자경	근간
147	모더니티 입문	H. 르페브르 / 이종민	24,000원
148	재생산	P. 부르디외 / 이상호	근간
149	종교철학의 핵심	W. J. 웨인라이트 / 김희수	18,000원
150	기호와 몽상	A. 시몽 / 박형섭	근간
151	융분석비평사전	A. 새뮤얼스 外 / 민혜숙	근간

152 운보 김기창 예술론 연구	최병식 著	14,000원
153 시적 언어의 혁명	J. 크리스테바 / 김인환	근간
154 예술의 위기	Y. 미쇼 / 하태환	15,000원
155 프랑스 사회사	G. 뒤프 / 박 단	근간
156 중국문예심리학사	劉偉林 / 沈揆昊	30,000원
157 무지카 프라티카	M. 캐넌 / 김혜중	근간

【롤랑 바르트 전집】

현대의 신화	이화여대 기호학 연구소 옮김	15,000원
모드의 체계	이화여대 기호학 연구소 옮김	18,000원
텍스트의 즐거움	김희영 옮김	15,000원
라신에 관하여	남수인 옮김	10,000원

【기 타】

古陶文字徵	高 明・葛英會	20,000원
古文字類編	高 明	24,000원
金文編	容 庚	36,000원
隷字編	洪鈞陶	40,000원
古文字學論集(第一輯)	中國古文字學會 편	12,000원
경제적 공포	V. 포레스테 / 김주경	7,000원
서기 1000년과 서기 2000년 그 두려움의 흔적들	J. 뒤비 / 양영란	8,000원
미래를 위한다	J. D. 로스네 / 문 선・김덕희	8,500원
밀레니엄 버그	S. 리브・C. 맥기 / 편집부	8,000원
잠수복과 나비	J. D. 보비 / 양영란	6,000원
原本 武藝圖譜通志	正祖 命撰	60,000원
테오의 여행(전5권)	C. 클레망 / 양영란	각권 6,000원
딸에게 들려 주는 작은 지혜	N. 레호레이트너 / 양영란	6,500원
딸에게 들려 주는 작은 철학	R. 시몬 셰퍼 / 안상원	7,000원
세계사상 창간호		10,000원
세계사상 제 2 호		10,000원
세계사상 제 3 호		10,000원
세계사상 제 4 호		14,000원
십이속상도안집	편집부	8,000원
그리하여 어느 날 사랑이여	이외수 편	4,000원
노력을 대신하는 것은 없다	R. 쉬이 / 유혜려	5,000원
못잊어	김소월 시집	3,000원
사랑의 존재	한용운 시집	3,000원

- 산이 높으면 마땅히 우러러볼 일이다　　유　향 / 임동석　　　5,000원
- 서비스는 유행을 타지 않는다 B. 바게트 / 정소영　　　　　5,000원
- 선종이야기　　　　　　　　홍　희 편저　　　　　　　　8,000원
- 섬으로 흐르는 역사　　　　　김영회　　　　　　　　　　10,000원
- 소림간가권　　　　　　　　덕　건 / 홍　희　　　　　　5,000원
- 어린이 수묵화의 첫걸음 (전6권)　　　조　양　　　　　　42,000원
- 오늘 다 못다한 말은　　　　이외수 편　　　　　　　　　6,000원
- 오블라디 오블라다 인생은　　무라카미 하루키 / 김난주　　7,000원
  브래지어 위를 흐른다
- 이외수　　　　　　　　　　신승근 시집　　　　　　　　3,000원
- 인생은 앞유리를 통해서 보라 B. 바게트 / 박해순　　　　　5,000원
- 중국기공체조　　　　　　　중국인민잡지사　　　　　　　3,400원
- 중국도가비전양생장수술　　변치중　　　　　　　　　　　5,000원
- 천연기념물이 된 바보　　　　최병식　　　　　　　　　　7,800원
- 터무니없는 한국사람 얄미운 일본사람　신윤식　　　　　　6,000원

【完譯詳註 漢典大系】

 1 說　苑·上　　　　　　　林東錫 譯註　　　　　　　　30,000원
 2 說　苑·下　　　　　　　林東錫 譯註　　　　　　　　30,000원
 4 晏子春秋　　　　　　　　林東錫 譯註　　　　　　　　30,000원
14 西京雜記　　　　　　　　林東錫 譯註　　　　　　　　20,000원
16 搜神記·上　　　　　　　林東錫 譯註　　　　　　　　30,000원
17 搜神記·下　　　　　　　林東錫 譯註　　　　　　　　30,000원

【한글고전총서】

 1 설원·상　　　　　　　　임동석 옮김　　　　　　　　　7,000원
 2 설원·중　　　　　　　　임동석 옮김　　　　　　　　　7,000원
 3 설원·하　　　　　　　　임동석 옮김　　　　　　　　　7,000원
 4 안자춘추　　　　　　　　임동석 옮김　　　　　　　　　8,000원
 5 수신기·상　　　　　　　임동석 옮김　　　　　　　　　8,000원
 6 수신기·하　　　　　　　임동석 옮김　　　　　　　　　8,000원

【조병화 작품집】

- 공존의 이유　　　　　　　　　　　　　　　　　　　　　5,000원
- 그리움(시화집)　　　　　　　　　　　　　　　　　　　　7,000원
- 그리운 사람이 있다는 것은　　　　　　　　　　　　　　5,000원
- 길　　　　　　　　　　　　　　　　　　　　　　　　　10,000원

■ 개구리의 명상   3,000원
■ 꿈   10,000원
■ 버리고 싶은 유산   3,000원
■ 사랑의 노숙   4,000원
■ 사랑의 여백(시화집)   5,000원
■ 사랑이 가기 전에   4,000원
■ 시와 그림(시화집)   30,000원
■ 아내의 방   4,000원
■ 잠 잃은 밤에   3,400원
■ 패각의 침실   3,000원
■ 하루만의 위안   3,000원
■ 따뜻한 슬픔   5,000원

【이외수 작품집】
■ 겨울나기   7,000원
■ 그대에게 던지는 사랑의 그물   7,000원
■ 꿈꾸는 식물   6,000원
■ 내 잠 속에 비 내리는데   6,000원
■ 들 개   7,000원
■ 말더듬이의 겨울수첩   6,000원
■ 벽오금학도   7,000원
■ 장수하늘소   7,000원
■ 칼   7,000원
■ 풀꽃 술잔 나비   4,000원
■ 황금비늘 1   7,000원
■ 황금비늘 2   7,000원

【통신판매】 가까운 서점에서 小社의 책을 구입하기 어려운 분은 국민은행 (006-21-0567-061 : 신성대)으로 책값을 송금하신 후 전화 또는 우편으로 주소를 알려 주시면 책을 보내 드립니다. (보통등기, 송료 출판사 부담)

東文選 現代新書 14

사랑의 지혜

알랭 핑켈크로트
권유현 옮김

 수많은 말들 중에서 주는 행위와 받는 행위, 자비와 탐욕, 자선과 소유욕을 동시에 의미하는 낱말이 하나 있다. 사랑이라는 말이다. 그러나 누가 아직도 무사무욕을 믿고 있는가? 누가 무상의 행위를 진짜로 존재한다고 생각하는가? '근대'의 동이 터오면서부터 도덕을 논하는 모든 계파들은 어느것을 막론하고 무상은 탐욕에서, 또 숭고한 행위는 획득하고 싶은 욕망에서 유래한다는 설명을 하고 있다.

 이 책에서 묘사하는 사랑의 이야기는 타자와 나 사이의 불공평에서 출발한다. 즉 사랑이란 타자가 언제나 나보다 우위에 놓이는 것이며, 끊임없이 나에게서 도망가는 타자로부터 나는 도망가지 못하는 것이다. 그리고 사랑의 지혜란 이 알 수 없고 환원되지 않는 타자의 얼굴에 다가가기 위해 애쓰는 것이다. 저자는 이 책에서 남녀간의 사랑의 감정에서 출발하여 타자의 존재론적인 문제로, 이어서 근대사의 비극으로 그의 철학적 성찰을 이끌어 가기 때문이다. 그러나 우리가 이웃에 대한 사랑을 이상적인 영역으로 내쫓는다고 해서, 현실을 더 잘 생각한다는 법은 없다. 오히려 우리는 타인과의 원초적 관계를 이해하기 위해서, 또 그것에서 출발하여 사랑의 감정뿐 아니라 다른 사람에 대한 미움의 감정까지도 이해하기 위해서, 유행에 뒤진 이 개념, 소유의 이야기와는 또 다른 이야기를 필요로 할 수 있다.

 알랭 핑켈크로트는 엠마뉴엘 레비나스의 작품에 영향을 받아서 근대가 겪은 엄청난 집단 체험과 각 개인이 살아가면서 맺는 '타자'와의 관계에 대해서 계속해서 질문을 던진다. 이것은 철학임에 틀림없다. 그렇기는 하지만 구체적인 인물에 의해 이야기로 꾸민 철학이다. 이 책은 인간에 대한 인식의 수단으로 플로베르·제임스, 특히 프루스트를 다루며, 이들의 현존하는 문학작품에 의해 철학을 이야기로 꾸며 나간다.

東文選 現代新書 1

21세기를 위한 새로운 엘리트

FORSEEN 연구소 (프)
김경현 옮김

 우리 사회의 미래를 누르고 있는 경제적·사회적 그리고 도덕적 불확실성과 격변하는 세계에서 새로운 지표들을 찾는 어려움은 엘리트들의 역할과 책임에 대한 재고를 요구한다.

 엘리트의 쇄신은 불가피하다. 미래의 지도자들은 어떠한 모습을 갖게 될 것인가? 그들은 어떠한 조건하의 위기 속에서 흔들린 그들의 신뢰도를 다시금 회복할 수 있을 것인가? 기업의 경영을 위해 어떠한 변화를 기대해야 할 것인가? 미래의 결정자들을 위해서 어떠한 교육이 필요한가? 다가오는 시대의 의사결정자들에게 필요한 자질들은 어떠한 것들일까?

 이 한 권의 연구보고서는 21세기를 이끌어 나갈 엘리트들에 대한 기대와 조건분석을 시도하고 있으며, 구체적으로 그들이 담당할 역할과 반드시 갖추어야 될 미래에 대한 비전을 제시하고 있다.

 본서는 프랑스의 세계적인 커뮤니케이션 그룹인 아바스 그룹 산하의 포르셍 연구소에서 펴낸 《미래에 대한 예측총서》 중의 하나이다. 63개국에 걸친 연구원들의 활동을 바탕으로 세계적인 차원에서 우리 사회를 변화시키게 될 여러 가지 추세들을 깊숙이 파악하고 있다.

 사회학적 추세를 연구하는 포르셍 연구소의 이번 연구는 단순히 미래를 예측하는 데에 그치는 것이 아니라, 미래를 준비하는 자들로 하여금 보충적인 성찰의 요소들을 비롯해서, 그들을 에워싸고 있는 세계에 대한 보다 넓은 이해를 지닌 상태에서 행동하고 앞날을 맞이하게끔 하기 위해서 이 관찰을 활용하자는 것이다.

東文選 現代新書 22

이미지 폭력

올리비에 몽젱
이은민 옮김

영화와 폭력, 일찍이 폭력이 이처럼 미화된 적이 있었던가?
"가장 견디기 힘든 폭력은 가장 통증이 없는 폭력이다. 스크린 위에서는 폭력이 더 광적이 되는 반면 관객들은 무감각에 길들여지고 있다." 끝없는 폭력의 우물로 가라앉고 있는 현대인들 앞에 영화 속의 폭력은 어떤 유형으로 나타나고 있으며, 우리는 폭력으로부터 어떻게 벗어날 수 있는가.

화면의 폭력이 처참하고 잔인해질수록 오히려 관객들은 영화 속의 폭력세계를 자신과 무관한 환상의 세계로 착각하고 안도감을 갖게 된다는 데에서 저자의 폭력적 이미지에 대한 탐구는 시작된다. 그러나 역설적이게도 이 점이 바로 현대 사회가 폭력에 대해 매우 민감한 사회임을 증명한다고 저자는 강조한다.

영화와 텔레비전의 화면을 침범한 폭력은 서구 국가들에서 사회적인 논쟁을 일으켰다. 사람들이 모든 것을 드러낼 수 있는가? 그리고 만일 모든 것을 보여 줄 수 없다면, 비난해야 하는가? 보통 몇몇 민감한 질문들이 열렬한 입장들과 흔히 피상적인 입장들을 끌어낸다.

올리비에 몽젱은 반대로 사람들이 폭력적이라고 말하는 영화를 가까이에서 검토하는 입장에 섰다. 60년대 폭력이 나타나는 방식과, 오늘날 제시되는 방법 사이에 분명하게 변화한 것이 무엇인가에 대하여 심도 있는 질문을 던진다──현대의 폭력성은 폭력 자체로 내비쳐지지만 우리는 그것을 추월할 수도, 그것을 제거할 수도, 재생할 수도 없다. 폭력 장면들을 비난하는 대신, 이 책은 우리로 하여금 거기에서 벗어나는 길을 트려고 한다.

東文選 現代新書 2

의지, 의무, 자유

루이 밀레
이대희 옮김

  자유 속에서의 우리의 의지는 선의 완성 속에 고정되어 있지 않기 때문에, 우리 존재의 근본적인 법칙은 의무의 형태를 취한다. 그러므로 우리의 운명은 끊임없이 원하는 바에 따라서 선택하는 것이다. 우리는 어떤 의미에서는 항상 '가능태'이다. 다시 말하자면 우리는 다른 사람과 함께, 다른 사람 덕분에, 그리고 다른 사람을 위해 현재화하기 위해 산다. 그 어떤 것도 고독하지 않을 뿐만 아니라, 그 어떤 것도 확정적이지 않다.

  육체의 자유로운 처분과 자본의 자유로운 순환. 자유결혼과 자유교역, 여성해방과 해방신학…… 경제에서 도덕에 이르기까지 근대성은 자유를 요구한다. 그런데 그것은 공기처럼 자유로운 것을 말하는가, 또는 자유낙하할 때처럼 자유로운 것을 말하는가? 나는 자유롭다고 착각하고 있는가? 혹은 참으로 자유로운가? 혼자 자유로운가, 아니면 다른 사람과 함께 자유로운가? 그리고 의무는 또 어떻게 할 것인가?

  자, 이제 분명하고 엄격하게, 그리고 깊이 생각해 볼 때가 되었다. 이것이 이 책의 목적이다. 이 책은 자유와, 자유에 필연적으로 뒤따르는 개념인 의무와 의지에 관해 비켜갈 수 없는 아홉 개의 주제를 정확하게 다루고 있다.

  본서는 프랑스대학연합출판사에서 펴낸, 고교 최종학년의 대학 입학자격시험 논술 과목 마지막 정리를 위한 텍스트이다.

東文選 現代新書 18

청소년을 위한 철학 교실

알베르 자카르[지음]
장혜영[옮김]

"무엇을 질문하고 어떻게 대답할 것인가?"

  철학은 끊임없는 질문과 답변 가운데에 있다. 질문은 진리에 대한 탐색이요, 답변은 존재와 세계에 대한 해석이다. 우리는 철학을 통해 존재의 근원에 이른다. 이 책은 프랑스 알비의 라스콜고등학교 철학교사인 위게트 플라네스와 철학자 알베르 자카르 사이의 철학 대담으로 철학적 질문과 답변의 과정을 명쾌히 보여 준다.

  이 책에는 타인·우애·정의 등 30개의 항목에 대한 철학자의 통찰이 간결하게 살아 있다. 철학교사가 사르트르의 유명한 구절, 즉 "지옥, 그것은 바로 타인이다"에 대해 반박을 요청하자, 저자는 그 인물이 천국에 들어갔다면 그는 틀림없이 "천국, 그것은 바로 타인이다"라고 이야기했을 것이라고 답한다. 결국 타인들은 우리의 지옥이 아니며, 그들이 우리와의 관계를 받아들이려 하지 않을 때 지옥을 만들어 낸다고 말한다.

  그렇다면 행복에 대해 이 철학자는 어떻게 답할까? "나에게 행복이란 타인들의 시선 안에서 스스로를 아름답다고 느끼는 것입니다"는 것이 그의 답변이다. 이 책은 막연한 것들에 대해 명징한 질문과 성찰로 우리가 새로운 질문을 던지고, 스스로 그 답을 찾을 수 있는 실마리를 제공한다. —출판저널—

東文選 現代新書 16

딸에게 들려 주는 작은 철학

롤란트 시몬 셰퍼
안상원 옮김

★독일 청소년 저작상 수상(97)
★청소년을 위한 좋은 책(99)
 (한국 간행물 윤리위원회)

 작은 철학이 큰사람을 만든다. 아이들과 철학을 이야기하는 것이 요즘 유행처럼 되었다. 아이들에게 철학을 감추지 않는 것, 그것은 분명히 옳은 일이다. 세계에 대한 어른들의 질문이나 아이들의 질문들은 종종 큰 차이가 없으며, 철학은 여기에 답을 줄 수 있다. 이 작은 책은 신중하고 재미있게, 그러면서도 주도면밀하게 철학의 질문들에 대답해 준다.

 이 책의 저자 시몬 셰퍼 교수는 독일의 원로 철학자이다. 그가 원숙한 나이에 철학에 대한 깊은 이해를 가지고 자신의 딸이거나 손녀로 가정되고 있는 베레니케에게 대화하듯 철학 이야기를 들려 주고 있다. 만약 그 어려운 수수께끼를 설명한다면 어떻게 할 것인가를 모형적으로 제시하고 있다.
 철학은 우리의 구체적인 삶과 멀리 떨어져 있는 삶이 아니다. 우리가 사용하고 있는 말이란 무엇이며, 안다는 것은 무엇인가. 세계와 자연, 사회와 도덕적 질서, 신과 인간의 의미는 무엇인가 등 철학적 사유의 본질적 테마들로 모두 아홉 개의 장으로 나누어 이야기하고 있다. 쉽게 서술되었지만 내용은 무게를 가지고 있어서 중·고등학생뿐만 아니라 대학생과 성인들에게 철학에 대한 평이한 길라잡이가 될 것이다.

재미있는 수학상식

역(曆)과 점(占)의 과학

永田 久 [지음]
沈雨晟 [옮김]

달력이란 무엇일까?

자연의 법칙을 추구하는 마음을 가지고 '때'를 이해하기 위한 노력은 인류의 역사와 함께 오늘에 이르고 있다. 이리하여 천문(天文)·신화·민속·종교 등이 혼재되어 있는 인류의 지혜의 결정체로서 역(曆)이 만들어졌음을 알 수 있다.

역은 수(數)로써 연결되어 있다. 수와 수가 결합된 것을 논리라 하고, 이 논리를 천문이나 민속 쪽에서 정리한 것이 역이다.

이 수와 논리가 과학의 세계로부터 인간의 마음의 세계로 이어지면서 때의 흐름에 생명을 부여할 때, 역은 점(占)으로의 가교역이 되는 것이라 생각된다. 그러니까 역의 수리(數理)에 접착시킨 꿈과 상념이 우리들 앞에 나타나는 것이다.

역이 존재하고 있는 곳에 반드시 점이 있다. 과학으로서의 역으로부터 비과학으로서의 점이 생겨난다. 바로 이것이 인류가 살아온 실제의 모습이 아니었을까.

이 책은 고대의 역으로부터 현재의 그레고리오력에 이르기까지를 더듬어, 시간을 나누는 달(月)과 주(週)의 주변을 탐색하면서, 팔괘(八卦)·간지(干支)·구성술(九星術)·점성술(占星術) 등의 구조를 수(數)에 의해 밝혀 보고자 하였다.

【주요 목차】

- ◇ 시간을 나누다
- ◇ 달과 혹성을 둘러싸고
- ◇ 성수(聖數) '7'의 신화
- ◇ 1주간의 요일명(曜日名)
- ◇ 옛날 유럽의 달력
- ◇ '그레고리오력'이 완성되기까지
- ◇ 지연력(自然曆)──24절기
- ◇ '음양오행설'의 원리
- ◇ 간지(干支)와 성수(聖數)의 논리
- ◇ 80진법의 세계
- ◇ 팔괘(八卦)의 논리
- ◇ 구성술(九星術)의 논리

현대신서 11 : 옥스퍼드대학 철학입문

우리는 무엇을 아는가

토머스 나겔
오영미 [옮김]

 보통 사람들에게 철학의 어려운 질문들이 문제시되어야 하는가? 저자는 왜 철학의 문제들이 수세기에 걸쳐 끊임없이 사상가들을 매료시키고, 또 당혹케 해왔는지를 생생하고 이해하기 쉬운 산문체의 글을 통해 밝힘으로써 그 문제들을 새롭게 조명한다.

 철학에 대해 배우는 가장 좋은 방법은 그 문제와 정면으로 부딪히는 것이라고 주장하면서, 그는 우리가 스스로에게 던질 수 있는 가장 중요한 몇 가지 질문들을 시작한다. 우리는 진정으로 자유 의지를 가질 수 있는가? 우리는 왜 도덕적이어야 하는가? 우리의 정신과 두뇌 사이에는 어떤 관계가 있는가? 사후에 삶이 존재하는가? 우리는 죽음에 대해 어떻게 느껴야 하는가? 수십억 광년의 거리를 가진 거대한 우주에서 우리가 살아가면서 행하는 어떤 것이 정말로 중요한가? 만약 그게 중요하지 않다면, 중요하지 않다는 그 사실이 또 문제가 되는가? 이러한 것들은 우리가 인간의 상황에 대해 던지는 영원한 질문들이며 나겔은 그것들을, 그리고 그와 유사한 다른 문제들을 사려 깊고 분명하게 그러면서도 유머를 가지고 탐구한다. 그는 자신의 의견을 자유롭게 토로하지만, 언제나 스스로 사고하도록 독자들을 격려함으로써 독자들이 다른 해답을 찾을 수 있는 여지를 남겨두는 참신함과 겸손을 잃지 않는다.